江苏省人民检察院　编

检察研究

PROSECUTION RESEARCH

1

2023

法律出版社
LAW PRESS·CHINA
北京

图书在版编目(CIP)数据

检察研究. 2023年. 第1辑 / 江苏省人民检察院编
. -- 北京 : 法律出版社, 2023
ISBN 978-7-5197-8242-9

Ⅰ. ①检… Ⅱ. ①江… Ⅲ. ①检察机关-工作-中国
-文集 Ⅳ. ①D926.3-53

中国国家版本馆CIP数据核字(2023)第163638号

《检察研究》2023年第1辑
《JIANCHA YANJIU》2023 NIAN DI 1 JI

江苏省人民检察院 编

责任编辑 许 睿
装帧设计 李 瞻

出版发行 法律出版社
编辑统筹 司法实务出版分社
责任校对 朱轶佳
责任印制 胡晓雅
经　　销 新华书店

开本 787毫米×1092毫米 1/16
印张 9.25 **字数** 181千
版本 2023年3月第1版
印次 2023年3月第1次印刷
印刷 永清县金鑫印刷有限公司

地址:北京市丰台区莲花池西里7号(100073)
网址:www.lawpress.com.cn
投稿邮箱:info@lawpress.com.cn
举报盗版邮箱:jbwq@lawpress.com.cn

销售电话:010-83938349
客服电话:010-83938350
咨询电话:010-63939796

书号:ISBN 978-7-5197-8242-9
定价:35.00元

目录 Contents

检察工作现代化研究

法学专论

企业合规

检察实务

检察工作现代化研究

检察工作现代化的基本范畴及实现路径

熊　毅*

摘要：检察机关作为国家法律监督机关，是中国式法治现代化的重要参与者和推动者，检察工作现代化是中国式法治现代化的重要组成部分，其基本范畴的界定要紧密结合中国式现代化的基本特征。检察工作现代化是中国特色人民检察制度在新时代的发展和完善，检察工作现代化的基本方向是坚持党的绝对领导和中国特色社会主义法治道路，根本属性是检察为民，基本功能是服务党和国家工作大局，价值追求是维护公平正义、保障人权。检察工作现代化的基本框架应当围绕新时代"四大检察"格局实现现代化转型，刑事治理现代化转型的关键是从对抗式模式走向合作模式，并积极构建轻罪治理体系；民事检察现代化的关键是满足人民群众对公平正义的更高需求；行政检察现代化的关键是控制行政权滥用保障人权；公益诉讼检察现代化的关键是有效应对现代化进程中危害公共利益的各种风险。检察工作现代化的实现，既要人类法治文明成果，又要立足本国国情和特点，还要通过数据赋能推动检察工作现代化转型。

关键词：现代化　中国式现代化　检察工作现代化　检察监督

党的二十大报告系统阐述了中国式现代化的中国特色、本质要求和重大原则。中国式现代化在法治领域具体体现为中国式法治现代化，中国式法治现代化是实现从法治大国到法治强国的根本转型过程中所形成的法治文明新形态①，是中国式现代化的重要组成部分。推进中国式现代化建设，需要充分发挥法治固根本、稳预期、利长远的保障作

---

* 熊毅，江苏省南京市人民检察院党组书记、检察长。

① 参见汪习根：《论中国式法治现代化的理论体系》，载《政法论坛》2022 年第 6 期。

用。检察机关是宪法规定的国家法律监督机关,担负着保障国家法律统一正确实施的重要职责,是中国式法治现代化的重要参与者和推动者,检察工作现代化是中国式法治现代化的重要组成部分。最高人民检察院(以下简称最高检)提出检察工作现代化的先导是法律监督理念现代化,重点是法律监督体系现代化,关键是法律监督机制现代化,基础是法律监督能力现代化。这为检察工作现代化奠定了基本框架,如何进一步深化认识检察工作现代化的基本范畴及其实现路径,需要持续深入的研究和探索。

一、检察工作现代化的基本特点

检察工作现代化是中国式现代化的一部分,中国式现代化是现代化的形态之一。因此,需要厘清现代化与中国式现代化、检察工作现代化与中国式现代化的关系。

(一)现代化与中国式现代化

现代化起源于西方工业革命,往往被西方学者看作以文艺复兴为始端、起源于欧洲的西方历史叙事。在哈贝马斯看来,现代化是人类"一项未完成的设计"。① 现代化的基本要素包括工业化、市场化、全球化等。中国式现代化既具有现代化的一般特征,又具有中国特色。1979 年,邓小平同志从中国人口众多、生产力发展水平相对较低的特点出发,首次提出了"中国式的现代化"的概念。② 党的二十大报告对中国式现代化作出了全面阐释,指出"中国式现代化,是中国共产党领导的社会主义现代化,既有各国现代化的共同特征,更有基于自己国情的中国特色。"③"中国式现代化是人口规模巨大的现代化。"④"中国式现代化是全体人民共同富裕的现代化。"⑤"中国式现代化是物质文明和精神文明相协调的现代化。"⑥"中国式现代化是人与自然和谐共生的现代化。"⑦"中国式现代化是走和平发展道路的现代化。"⑧有以下几个关键要点:一是坚持中国共产党领导,坚持中国特色社会主义,这是根本。二是中国式现代化体现了以人民为中心的发展理念。中国式现代化是 14 亿全体人民共同富裕的现代化,人民群众不仅需要物质文明,还需要精神

---

① 参见[德]尤尔根·哈贝马斯:《现代性的哲学话语》,曹卫东译,译林出版社 2011 年版,第 1 页。

② 参见邓小平:《邓小平文选》(第 2 卷),人民出版社 1994 年版,第 163 页。

③ 习近平:《高举中国特色社会主义伟大旗帜 为全面建设社会主义现代化国家而团结奋斗——在中国共产党第二十次全国代表大会上的报告》(2022 年 10 月 16 日),载《求是》2023 年第 21 期。

④ 习近平:《高举中国特色社会主义伟大旗帜 为全面建设社会主义现代化国家而团结奋斗——在中国共产党第二十次全国代表大会上的报告》(2022 年 10 月 16 日),载《求是》2023 年第 21 期。

⑤ 习近平:《高举中国特色社会主义伟大旗帜 为全面建设社会主义现代化国家而团结奋斗——在中国共产党第二十次全国代表大会上的报告》(2022 年 10 月 16 日),载《求是》2023 年第 21 期。

⑥ 习近平:《高举中国特色社会主义伟大旗帜 为全面建设社会主义现代化国家而团结奋斗——在中国共产党第二十次全国代表大会上的报告》(2022 年 10 月 16 日),载《求是》2023 年第 21 期。

⑦ 习近平:《高举中国特色社会主义伟大旗帜 为全面建设社会主义现代化国家而团结奋斗——在中国共产党第二十次全国代表大会上的报告》(2022 年 10 月 16 日),载《求是》2023 年第 21 期。

⑧ 习近平:《高举中国特色社会主义伟大旗帜 为全面建设社会主义现代化国家而团结奋斗——在中国共产党第二十次全国代表大会上的报告》(2022 年 10 月 16 日),载《求是》2023 年第 21 期。

文明,二者相互协调。三是人与自然和谐共生的生态文明理念。充分体现了习近平生态文明思想,生态文明建设是关系中华民族永续发展的根本大计。中国式现代化超越西方资本主义“先污染后治理”的现代化路径,探索出一条人与自然和谐共生的现代化新路径。四是人类命运共同体理念。中国式现代化秉承人类命运共同体的理念,走和平发展道路,主张和推动全球化。

(二)现代检察制度与中国特色的人民检察制度

现代检察制度的起源,经历了从私人追诉到国家垄断的过程。人类历史上曾长期实行私人追诉主义,“不告不理”,刑民不分。随着人类社会发展,公法与私法逐步分野,刑事犯罪的私人追诉主义逐步走向国家垄断主义。一般认为,现代检察制度诞生于法国大革命。1789 年法国大革命胜利后,以拿破仑为代表的法国资产阶级对纠问式诉讼进行改革,逐步形成了刑事犯罪的国家追诉主义。这样,检察机关垄断了绝大多数刑事案件的追诉权(少数自诉案件除外),检察机关是刑事追诉的启动者,同时,检察权还起到制衡法官和监督警察的作用,成为法治国家的中流砥柱。换言之,“检察官扮演国家权力之双重控制的角色。既要保护被告免于法官之擅断,亦要保护其免于警察之恣意,本来即暗寓其双重功能及居间位置”。①

我国的人民检察制度产生于 1931 年。1931 年中华苏维埃共和国临时中央政府在江西瑞金成立,中央苏区当时的机构设置的“九部一局”中就有检察机构。1937 年 7 月,陕甘宁边区高等法院成立,在边区高等法院内部设置检察长和检察员,开启了陕甘宁边区检察新篇章,此后经历分分合合。中华人民共和国成立后,检察机关称呼上改为人民检察署,作为政务院的下属机构之一,其间历经波折,从 1949 年中华人民共和国成立至 1978 年党的十一届三中全会召开,检察机关经历了“三落三起”。1978 年全国人大第五次会议决定恢复人民检察院,检察机关又一次开始重建。1979 年《人民检察院组织法》确定了人民检察院是国家法律监督机关这一基调,1982 年宪法明确检察院的法律监督机关性质。2018 年 2 月底,检察机关反贪、反渎和职务犯罪预防部门职能转隶,检察机关内设机构改革重组,检察权重塑,形成今天的新时代检察权“四大检察”格局,并以全球化的视野推进司法责任制、员额制、认罪认罚从宽制度、企业合规制度等一系列改革。从上述发展历程可以看出,人民检察始终与党和人民的事业、建设、改革同呼吸、共命运,具有以下鲜明的特点:一是始终坚持以人民为中心,这是人民检察制度中“人民”一词的应有之义,也是人民检察制度的基本底色;二是始终坚持党的绝对领导,人民检察制度的发展完善始终是在党的领导下进行的;三是始终服务于国家发展大局;四是紧跟时代脉搏,不断改革发展。

---

① 林钰雄:《检察官论》,法律出版社 2008 年版,第 9 页。

（三）检察工作现代化的基本特点

检察工作现代化，既需要紧紧依托于中国式现代化的要求，又需要充分体现中国特色的人民检察制度特点。

其一，检察工作现代化的基本方向是坚持党的绝对领导和社会主义法治道路。检察工作现代化是党领导下的现代化，是走中国特色社会主义法治道路的现代化。

其二，检察工作现代化的根本属性是检察为民，坚持以人民为中心，人民至上。这是以人民为中心的发展理念在检察工作领域的具体体现。

其三，检察工作现代化的基本功能是服务党和国家工作大局。检察工作现代化作为中国式现代化的重要组成部分，其基本功能是要服务于中国式现代化这个党和国家大局，在党和国家工作大局中锚定检察工作的历史方位。

其四，检察工作现代化的价值追求是维护公平正义、保障人权。党的二十大报告指出，坚持全面依法治国，推进法治中国建设。公平正义是现代法治的根本价值追求，良法善治的根本目的是保证人民权益。检察机关作为法律监督机关，通过发挥监督职能实现维护公平正义和保障人权是基本价值追求。

二、检察工作现代化的基本内容

新时代检察权形成了刑事检察、民事检察、行政检察和公益诉讼检察的“四大检察”格局，检察工作现代化的基本框架应当围绕这“四大检察”实现现代化转型。刑事检察的核心是犯罪治理，这是国家治理体系的重要组成部分，刑事治理现代化转型的关键是从对抗式走向合作型以及轻罪治理体系；民事检察的核心是实现人民群众对公民正义的更高需求；行政检察的核心是控制行政权滥用，保障人民权益；公益诉讼检察的核心是有效应对现代化进程中危害公共利益的各种风险。

（一）推动刑事治理模式的合作型和轻罪化

中国式现代化包括国家治理体系和治理能力的现代化，而犯罪治理是国家治理体系的重要组成部分。当前，我国刑事犯罪结构发生重大变化，司法上重罪案件大幅降低，轻罪案件增多，社会治安长期向好；立法上，十一个刑法修正案以增设轻罪为主，轻罪治理体系逐渐形成。在现代化进程中，刑事犯罪的治理从对抗模式向对抗与合作并重转型，是一个重要趋势；轻罪治理体系的形成和完善也是必然趋势。[①] 检察工作现代化要体现服务党和国家大局，实现治理体系现代化的功能，就要肩负起推动刑事治理模式转型的重任。

1. 合作型刑事司法模式。犯罪治理是国家治理和社会治理的重要组成部分，在现代检察制度产生之前，犯罪治理与民事纠纷一样，采取私人追诉。现代检察制度产生以后，

---

① 参见李勇：《刑事模式变迁中的检察权》，载《人民检察》2019 年第 19、20 期。

在刑事追诉方面,人类历史经历从私人追诉到国家垄断。检察机关代表国家追诉犯罪,国家司法权打击和惩治犯罪,由此形成犯罪治理的国家与被告人之间的对立、对抗模式。但是这种对立模式在人类社会现代化进程中逐步发生变化,逐步从对抗走向合作。20世纪70年代恢复性司法兴起,强调被告人与被害人之间和解,国家对于这种和解予以认可并给予被告人从宽处罚的激励。在此过程中,我国也兴起了刑事和解制度改革,这项改革是在检察机关的主导下进行的。2012年《刑事诉讼法》修改过程中正式吸收改革成果,在立法中确定了刑事和解制度。除了被告人与被害人可以合作以外,被告人与代表国家的公诉机关也可以合作,国家对于这种合作也给予被告人从宽处罚的激励。在英美法系体现为诉辩交易,在德国等大陆法系体现为认罪协商。我国从2014年试点速裁程序改革,探索认罪协商,2016年进一步扩大试点认罪认罚从宽制度,2018年《刑事诉讼法》修改,正式将认罪认罚从宽制度及速裁程序写入《刑事诉讼法》。由此,检察主导认罪认罚从宽制度成为我国刑事诉讼模式重大变革中的一环。我国的认罪认罚从宽制度,既不同于英美法系的诉辩交易,也不同于德日大陆法系的认罪协商,而是检察主导下的具有中国特色控辩协商模式,体现了中国传统文化中"和"的思想。认罪认罚从宽制度是针对自然人犯罪的一种合作治理模式;针对单位犯罪,2020年3月最高检开展了涉案企业合规改革,对于单位犯罪的企业认罪认罚并承诺合规,在建立和有效实施合规计划的情况下,给予从宽处罚,依然体现了犯罪单位与国家之间的合作。

可见,现代刑事诉讼模式经历被告人与国家的二元对立走向合作的历程,刑事和解、认罪认罚和企业合规都是这个发展脉络中的一环。刑事和解强调被害人与被告人的合作,认罪认罚强调自然人与国家的合作,企业合规强调单位与国家的合作。未来,继续推进和完善这种合作型的刑事治理模式,是检察工作现代化的重要内容。

2. 轻罪治理体系的推动者。以《刑法修正案(八)》醉驾入刑为标志,截至《刑法修正案(十一)》,轻罪治理体系在立法上逐步呈现。在司法上,三十年来我国刑事犯罪结构已然发生重大变化,呈现出"双降双升"的局面,严重暴力犯罪案件数和重刑率大幅下降;以醉酒驾驶等为代表的微罪、轻罪案件数大幅上升。[①] 这是我国进入新时代,现代化历程的重大时代特征。在这种背景下,轻罪治理模式的建构是犯罪治理现代化的重要内容。在现代化进程中,检察机关需要继续发挥推动者的作用,推动"严而不厉"轻罪治理结构的优化,推动立法,完善非刑罚处罚措施体系、轻罪前科消灭等制度。

(二)提高民事检察监督的覆盖面和精准度

民事诉讼是老百姓身边的诉讼,刑事诉讼对于大多数人来说一生都不会碰到,但是民事诉讼几乎每个人一生都会涉及,民事审判公正不仅是"看得见的正义",更是"摸得着

---

① 参见张军:《最高人民检察院工作报告——2020年5月25日在第十三届全国人民代表大会第三次会议上》,载《中华人民共和国最高人民检察院公报》2020年第3期。

的正义”。民事审判检察监督是中国法治进程中的重要方面,民事检察监督以“看得见”“可感觉”的方式实现公平正义。强化精准监督理念,对认为确有错误的民事裁判提出抗诉,坚决纠正民事审判不公,解决两审终审后告状无门、申诉无门的问题。

总体来说,民事检察监督的力度与新时代人民群众的需求和期待还有距离。2022 年,全国检察机关对认为确有错误的民事裁判提出抗诉 5319 件,提出再审检察建议 8803 件,以检察建议监督纠正民事审判和执行活动中的违法情形 9.9 万件。[①] 但是这个数字与法院同期审结的案件数相比,依然处于低位。2022 年全国法院审结一审商事案件 2472.3 万件,审结一审民事案件 4583.3 万件,执行终结 4512.1 万件。[②] 检察工作现代化,实现维护公平正义和检察为民的目标,就要提高民事审判监督的覆盖面,加大依职权监督力度,在解决覆盖面的基础上提高监督的精准度。

(三)提升行政检察监督的质量与效果

保障人权,防止行政权滥用,是现代法治的基本价值导向,也是中国法治现代化的价值导向,更是以人民为中心的中国式现代化的应有之义。党的二十大报告指出,法治政府建设是全面依法治国的重点任务和主体工程,要全面推进严格规范、公正文明执法,强化行政执法监督。行政检察包括“民告官”的行政诉讼和“民告官”的非诉执行监督。通过检察监督,实现在行政权违法的情况下,“民告官”该胜诉就要胜诉,打破“民告官而告不赢”的现象。这是中国传统“官本位”社会走向现代的“民本位”社会进程中的一环;同时通过行政争议实质性化解推动问题真正解决。只有充分发挥行政检察职能,监督行政权依法行使,才能让行政权更好地服务于人民。

当前,行政检察相对薄弱,与检察工作现代化的要求还有很大的距离。2022 年,全国检察机关对认为确有错误的行政裁判提出抗诉只有 245 件,提出再审检察建议也只有 222 件,以检察建议监督纠正行政审判和执行活动中的违法情形有 3.8 万件,化解行政争议 9100 件。[③] 同期法院审结一审行政案件 138.4 万件,审查行政非诉执行案件 107.4 万件。行政检察监督是检察工作现代化进程中必须要补齐的短板,既要解决量的问题,也要解决质的问题,还要通过行政争议实质性化解实现三个效果的统一。

(四)平衡公益诉讼检察的能动性与谦抑性

现代化进程也是风险社会的进程。人类从农业文明向工业文明发展,各类风险随之增加。危害不特定公众利益的风险不断增多,检察机关作为公共利益的代表,起到了维

---

① 参见张军:《最高人民检察院工作报告——2022 年 3 月 8 日在第十三届全国人民代表大会第五次会议上》,载《中华人民共和国最高人民检察院公报》2022 年第 2 期。

② 参见周强:《最高人民法院工作报告——2022 年 3 月 8 日在第十三届全国人民代表大会第五次会议上》,载《中华人民共和国最高人民法院公报》2022 年第 4 期。

③ 参见张军:《最高人民检察院工作报告——2022 年 3 月 8 日在第十三届全国人民代表大会第五次会议上》,载《中华人民共和国最高人民检察院公报》2022 年第 2 期。

权“兜底者”的作用。我国检察机关的民事公益诉讼和行政公益诉讼，是检察机关公共利益代表者的集中体现。检察工作现代化的根本目标是让人民过上更好的生活，促进人与自然和谐共生，而要达到这个目标，就需要加大公益诉讼保障和谐生活的力度。公益诉讼从生态环境资源保护、食品药品安全、国有财产保护、国有土地使用权出让法定领域，扩展到英烈保护、未成年人保护、安全生产、军人地位和权益、个人信息保护、反垄断、反电信诈骗、农产品质量安全、妇女权益保护九大领域，并进一步向无障碍环境、文物及文化遗产等扩展，逐步形成“4 +9 + N”的领域。一方面公益诉讼要坚持谦抑性原则；另一方面要坚持能动履职，二者看似相互矛盾，实则统一，都要体现人民性，以人民为中心。在公益组织发展和公益意识均落后，以及无法找到合适的公益组织提起公益诉讼的领域，存在实质的公共利益损害的，检察机关要能动履职；在有些领域已经有成熟的公益组织和单位，不宜越俎代庖，保持谦抑。

三、中国式检察工作现代化的实现路径

(一)放眼国际

全球化是现代化的基本特征之一，中国式现代化“既有各国现代化的共同特征，更有基于自己国情的中国特色”，坚持人类命运共同体理念，走和平发展道路，主张多边主义和全球化。具体到检察工作现代化，既需要从传统文化中汲取营养，也需要以“世界的眼光，解决中国的问题”，对标国际，遵守司法基本规律。具体来说：一是四大检察监督中落实保障人权的宪法要求。保障人权是现代法治的基本特征，也是中国法治现代化的基本要求。检察机关在履行四大检察职能过程中，都要坚持保障人权。二是刑事检察监督重点是取证合法性、贯彻证据裁判原则、依法适用强制措施的法治化。非法证据排除规则虽早已确立，实践中也已充分运用，但取证不合法不规范仍然是侦查工作中存在的突出问题。认罪认罚从宽制度推动繁简分流，为证人出庭、充分深入贯彻证据裁判原则创造了条件，但是当前做得还很不够。刑事强制措施的决定和实施由不同的机关行使，这是法治现代化的重要内容，我国的刑事拘留、监视居住、扣押等强制措施决定与执行一体化需要进一步改革完善，在此之前应加强对强制措施决定和执行的监督。三是行政检察监督重点是促进依法行政。限制行政权滥用是现代法治的基本特征，发挥检察监督作用，监督行政权是重要议题。四是民事检察监督重点是保障我国立法史上具有划时代意义的民法典的统一正确实施，保障公民的权利。

(二)立足本土

中国式现代化要立足本国，体现中国特色。具体来说：一是中国传统的“和”文化。这种“和”文化，几乎体现在检察监督的各个方面。比如认罪认罚从宽、刑事和解、企业合规、行政争议化解等。二是刑事强制措施的审查。国际上一般是由法院进行司法审查，但是我国公、检、法三机关之间相互制约的关系决定了，其他刑事强制措施权与逮捕权一

样应当由检察机关行使,防止法院“自己决定”先入为主地“自己判决”。三是行政违法行为的监督。《中共中央关于加强新时代检察机关法律监督工作的意见》规定了检察机关对行政违法行为的监督,推动依法行政。

（三）数字赋能

数字时代已经来临,世界的数据化是无法阻挡的趋势。“当世界开始迈向大数据时代时,社会也将经历类似的地壳运动……然而,不同于印刷革命,我们没有几个世纪的时间去适应,我们也许只有几年时间。”①现代化发展的历程经历了从农业文明到工业文明的过程,下一步就是数字文明。

检察工作现代化必须适应数字文明的发展进程,跟上时代的节拍,拥抱数字。通过数字赋能推动检察工作更好更优发展,这是检察工作现代化不可回避的问题。错过数字检察的发展,就等于落伍于检察工作现代化的步伐。科技赋能检察发展可以分为三大步骤:检察信息化(信息检察)—检察数字化(数字检察)—检察智能化(智能检察、智慧检察),需要遵循这样的规律。检察活动属于广义上的司法活动,司法活动具有特殊性,司法判断所需要的理性、良性和人类情感,在当前人工智能还难以企及,但不远的未来或许可以实现。ChatGPT 已经显示了这样的趋势。信息检索、类案比对、类案监督线索挖掘等是当前“弱人工智能”阶段的重点领域,但必须看到智能化是必然趋势和远景目标,必须正视数字检察智能化面临的挑战和困难,并分阶段进行攻克。信息化已经过时,当前,重点是通过建立推理模型聚焦于信息检索、类案比对、类案监督线索挖掘。无论是刑事侦查监督、刑事审判监督,还是民事检察监督,都需要解决监督线索的来源和梳理问题,数字技术将为监督线索带来巨大变革。在监督线索数据累积的基础上,进一步探索智能化判断。

① [英]维克托·迈尔－舍恩伯格、肯尼思·库克耶:《大数据时代》,盛杨燕、周涛译,浙江人民出版社 2013 年版,第 219 页。

论检察工作现代化的发展路径

恽爱民*

摘要:党的二十大报告科学系统地提出了中国式现代化理论。在中国式现代化的时代背景下,如何有效推进检察工作现代化,是当前检察机关面临的现实课题。新形势下,与时俱进推进检察工作现代化,需要通过"人、案、事、数"四个维度,优化发展路径,强化法律监督,为中国式现代化贡献力量。

关键词:检察工作现代化　法律监督　发展路径

党的二十大报告提出"以中国式现代化全面推进中华民族伟大复兴"的使命任务和奋斗目标,并首次对"坚持全面依法治国,推进法治中国建设"作出专门部署,强调要"在法治轨道上全面建设社会主义现代化国家",充分彰显了法治在全面建成社会主义现代化国家中的重要作用。检察机关是宪法规定的国家法律监督机关,……是在法治轨道上全面建设社会主义现代化国家的重要参与者、推动者。由此可见,检察工作现代化是中国式现代化、政法工作现代化的重要组成部分。① 而高起点、高标准地推进检察工作现代化的路径在于提高"人、案、事、数"全要素生产力。

一、"人"是检察工作现代化的基础支撑

党的二十大报告指出,"人才是第一资源。"法律监督能力现代化是检察工作现代化的基础,而法律监督能力现代化归根结底是人的现代化。②

---

* 恽爱民,江苏省南通市人民检察院党组书记、检察长。

① 参见《准确把握检察工作现代化的内涵要求——四论深入贯彻习近平总书记对政法工作重要指示精神》,载《检察日报》2023 年 1 月 14 日,第 1 版。

② 参见张彬:《现代化的本质是人的现代化》,载《吉林日报》,http://jlrb.chinajilin.com.cn/pc/paper/c/202005/25/content_104118.html。

（一）以理念更新为先导

理念指引行动、引领方向，确保检察工作始终沿着正确方向前行。一是坚持旗帜鲜明讲政治，贯彻落实好新发展理念。党的二十大报告强调，“贯彻新发展理念是新时代我国发展壮大的必由之路”。检察机关是政治性极强的业务机关，也是业务性极强的政治机关，必须深刻把握习近平新时代中国特色社会主义思想的世界观和方法论，把握对实现什么样的发展、怎样实现发展的规律性认识，立足检察职能完整准确全面贯彻新发展理念，引领检察工作行稳致远。二是着眼法律监督现代化，贯彻落实好检察工作新理念。对标对表党的二十大报告中“加强检察机关法律监督工作”重大要求，继续深入贯彻落实双赢多赢共赢、一体化履职、“在办案中监督、在监督中办案”等新时代检察工作理念，让新理念落地落实。三是强化依法能动检察，与时俱进深化理念创新。检察工作理念不是一成不变的，随着时代的变化、人民群众法治需求的增长和检察工作遇到的新情况新问题，需要进行修正和调整。新征程上，检察机关应当及时总结提炼新理念，努力以现代化司法理念凝聚共识、指导办案，推进新时代检察工作现代化。

（二）以能力提升为抓手

坚持守正创新，一体推进检察人员风险防控能力、司法办案能力、群众工作能力和大数据应用能力建设。一是提升风险防控能力，健全完善案件办理机制，维护国家安全和社会稳定。党的二十大报告首次专章部署了“推进国家安全体系和能力现代化，坚决维护国家安全和社会稳定”，充分说明了维护国家安全和社会稳定在新时代新征程新斗争中的极端重要性。聚焦社会治理风险隐患，充分运用敏感案件快速反应、黑恶案件常态化办理、金融风险防范化解等机制，依法稳妥处置、快速介入、审慎处理重大突发敏感案件。二是提升司法办案能力，努力“求极致”，实现政治效果、社会效果、法律效果的有机统一。在检察办案各环节，综合考虑法、理、情，充分考虑人民群众对公平正义的期待。善于运用法律，面对疑难复杂案件，遇到“过时”法律或者兜底条款时，既要顾及法律规定，更要考虑人民群众朴素正义观和案件特殊情况，避免机械、僵化地贯彻实施法律。三是提升群众工作能力，在检察履职中深入践行全过程人民民主。进入新时代，我国社会主要矛盾转化，人民需求的变化，对检察人员群众工作能力提出了更高要求。深入研究和把握新形势下群众工作的特点，在司法实践中着力提升“懂群众心理、懂群众语言、懂沟通技巧，会化解矛盾、会调处纠纷、会主动服务、会宣传发动”的“三懂四会”能力。四是提升大数据应用能力，实现法律监督质效飞跃。在数字时代，大数据赋能是利用数据这个生产要素提升法律监督生产力，推进溯源治理的方法。检察人员要进一步增强大数据战略思维，在办案时，善用大数据筛查、比对、碰撞，从“会用”向“用深、用广、用精”转变，有效破解检察监督被动化、碎片化、浅层次等“瓶颈”问题。

（三）以平台搭建为保障

在队伍建设上，切实做到培育扎实、管理科学、考核到位。一是在素能培育方面，实行“青蓝计划”导师制，对院领导、退出领导岗位的高级检察官，推动向“导师”角色转变，“一对一”“一对多”地开展传帮带，在办理疑难复杂案件、善于统筹协调等方面当老师、做示范。开展“政法融学堂”同堂培训，从侦、诉、辩、审等不同角度，对热点实务问题开展深入交流，推动执法司法标准统一。做优“濠南教场”法律沙龙品牌，强化小课堂、微课堂研发，与务实 App 联手打造“南通频道”。突出实战练兵，积极参加上级组织的技能竞赛，打造全国全省有影响的业务专家、领军人才。二是在科学管理方面，进一步建立健全内控机制，不断完善内部管理，营造干事创业的良好环境。定期组织对财务管理、“三公”经费、政府采购等方面进行汇总分析，强化内部审计监督。自觉接受派驻纪检监察组的监督管理，严格执行“十个严禁”“三个规定”要求，驰而不息正风肃纪，保持检察队伍的良好形象。三是在业绩考评方面，突出简便易行的考核原则，明确“两考合一”，即检察人员业绩考核和公务员平时考核结合起来。落实政治综合评价、服务高质量发展、队伍建设等考评要求，既要考业绩，也要考政治、考纪律，巩固深化“机关作风建设提升年”活动成果。树立系统思维，把跨部门线索移送纳入检察人员考评体系，通过部门、办案组的整合，强化“四大检察”“十大业务”一体履职。

二、“案”是检察工作现代化的核心要素

办案是检察机关最好的名片。在办好案件的同时，扎实做好“后半篇文章”，加强典型案例的培育、应用，积极引领社会法治意识。

（一）优化“四大检察”履职方式

“四大检察”发展历程不同、监督角度不同，履职方式也应有所区别。一是刑事检察注重实质化。刑事检察主要有被动受理和主动监督两种办案形态。为杜绝机械办案、就案办案，需深化实质化监督办案。① 办理审查逮捕、审查起诉案件时，向侦查前端传导证据裁判规则，强化调查核实、自行补充侦查的亲历性办案模式，防止案件“带病”进入审判程序。对诉讼活动实行监督，强调常态化、主动性和及时性，实实在在发挥监督的纠错功能，增强监督刚性。二是民事检察强化精准性。精准监督贯穿于发现、审查、处置环节，需坚持系统思维，才能从整体上提升监督质量和实效。② 民事案件量大面广，新类型案件层出不穷，要围绕审判、执行程序中长期存在的突出问题和人民群众反映强烈的突出问题，找准监督切入点，精准选择抗诉、再审检察建议等方式开展监督。三是行政检察践行“穿透式”。“穿透式”行政检察监督是从监督行政审判活动穿透至监督行政机关的行政行为。③ 从监督行政诉讼活动入手，既审查行政诉讼的合法性，也监督涉诉行政行为的合

---

① 参见王守安：《以深化实质化监督办案为抓手　提升新时代刑事检察能动履职水平》，载《人民检察》2022 年第 17 期。

② 参见谭玲：《民事检察精准监督机制的体系化构建》，载《人民检察》2022 年第 6 期。

③ 参见李德军、霍云：《健全行政执法检察监督机制的路径探析》，载《北京政法职业学院学报》2021 年第 1 期。

法性。坚持诉讼内监督与诉讼外监督并举，在深化做实行政诉讼监督、行政争议实质性化解和行政非诉执行监督的基础上，积极稳妥开展行政违法行为监督。四是公益诉讼检察突出高质量。高质量发展是公益诉讼检察工作主线。抓住党的二十大报告强调的"完善公益诉讼制度"这一历史契机，推动检察公益诉讼发展模式转型升级，在稳定办案规模的基础上，更加注重办案质效，努力做到办理一案、警示一片、治理一域。

(二)持续提升案件办理质效

案件质量是检察工作的"生命线"，也是检察工作争创一流的重心。一是健全入额院领导办案制度。"坚持抓住领导干部这个'关键少数'"是习近平法治思想的重要内容。[①] 入额院领导带头办案，是全面贯彻落实习近平法治思想、履行检察官职责的具体体现，也是落实司法责任制的应有之义。入额院领导经验丰富、阅历广泛，带头办理重大复杂敏感、新类型和在法律适用方面具有普遍指导意义的案件，对提升办案质量和监督效果具有重大的推动和促进作用。二是构建检察长抽察 + 案管评查 + 检务督察联动监督机制。检察长抽案督察，定期确定抽案督察的案件类型和数量，随机抽案，对全市两级院员额检察官的办案质效情况进行督察。案件管理部门以"案"为主体，通过案件评查、流程监控、数据管理等，发现、纠正案件实体、程序或其他重大问题，并将问题线索移送检务督察部门。检务督察部门以"人"为对象，围绕案件背后检察官是否正确履职、是否存在廉政风险、是否追究司法责任开展调查，对确有问题的进行责任追究，有效实现"管案与管人""督促与整改""评查与问责"同步推进。三是注重监督结果运用。案件质量评查结果要用好用活，与检察人员考核和错案追责问责有机结合。将司法监督结果纳入检察官绩效考核指标，并记入个人司法档案。检察人员故意违反法律规定办理案件，或者因重大过失导致案件错误并造成严重后果的，严肃追究司法责任，在系统内形成震慑。

(三)发挥案例示范引领作用

习近平总书记强调，"一个案例胜过一打文件"[②]，这一论述精辟地阐述了案例的重要作用。一是列入"一把手"工程。典型案例培育是一项全局性、基础性工作，应当作为"一把手"工程整体推进。检察长带头总调度，业务部门分管领导抓好组织协调，业务部门具体负责案例的筛选、编纂和报送。在考核时发挥正反评价作用，有案例入选最高人民检察院指导性案例，"一票肯定"，没有案件入选省院典型案例，"一票否决"。二是把好"入口关"。要增强敏感性、敏锐性，在舆情监测、提前介入、受案环节发现重大疑难复杂、新类型、全国全省首例案件将其纳入典型案例培育对象，分配给专业化办案团队或者高级检察官办理，全程跟踪、重点培育。三是把好"办理关"。实行更加严格的办案标准和程

---

① 参见夏锦文：《推进全面依法治国要坚持抓住领导干部这个"关键少数"》，载《光明日报》，https://m.gmw.cn/baijia/2021-02/18/34621241.html。

② 参见刘立新、王天润：《以习近平法治思想为指引　开创检察案例指导工作新局面》，载《检察日报》2021 年 6 月 25 日，第 1 版。

序,倒逼办案团队或者检察官按照指导性案例、典型案例标准办理,在证据运用、法律适用、办案方法、诉源治理等方面做到精益求精。四是把好“写作关”。撰写典型案例,业务部门、法律政策研究部门应密切配合。业务部门侧重对基本案情、检察机关履职过程的归纳、总结,法律政策研究部门侧重对要旨、典型意义的提炼、升华,与业务部门互为补充,相得益彰。五是用好典型案例“活教材”。案例的价值在于应用。典型案例最根本的目的是引领检察机关监督办案。除此之外,要充分利用全媒体发布有影响、新类型典型案例,以案释法,传播检察好声音,扩大影响力,真正将“尊法学法守法用法在全社会蔚然成风”的要求落到实处。

三、“事”是检察工作现代化的关键之举

检察工作是党和国家工作的有机组成部分,必须围绕党委政府决策部署、人民群众法治需求、上级院重点专项工作,找准履职切入点和着力点,优化服务保障举措,打造更多南通检察“品牌”。

(一)坚决维护国家安全和社会稳定

深入贯彻总体国家安全观,胸怀“国之大者”、紧盯“城之安者”,切实担负起维护国家安全、社会安定、人民安宁的重大责任。一是维护国家政治安全。政治安全是关系党的执政地位巩固的头等大事,在办案中进一步做实“从政治上看”。与国安部门联合成立侦查监督与协作配合办公室,完善涉政案件联席会议、提前介入机制,严厉打击涉政、邪教犯罪,坚定维护政权安全、制度安全和意识形态安全。高度重视涉及稳定发展的涉众型犯罪、群体性事件以及舆情关注的重大敏感案件,强化研判、细化预案,落实“三同步”要求,牢牢掌握工作主动权。二是宽严相济维护大局稳定。惩治犯罪、维护稳定,需要全面准确贯彻宽严相济刑事政策,践行人民安全宗旨,依法从严打击严重暴力、黑恶势力、多发性侵财犯罪,以及人民群众反映强烈的电信网络诈骗、危害食品药品安全、侵犯公民个人信息等犯罪,增强人民群众安全感。同时,对可能判处 3 年以下有期徒刑等轻微犯罪积极适用认罪认罚从宽制度,尽可能提高不捕、不诉率,降低审前羁押率,最大限度地减少和转化社会对立面,促进社会内生稳定。

(二)护航经济社会高质量发展

检察工作随着经济社会发展而发展,只有主动融入大局、能动服务大局,才能紧跟发展步伐、彰显检察价值。一是助力高水平科技自立自强。习近平总书记指出,“加快实现高水平科技自立自强,是推动高质量发展的必由之路。”①深化知识产权“一案四查”办案模式,加大重点行业、新兴产业和关键核心技术知识产权保护力度,着力解决企业维权

---

① 《加快实现高水平科技自立自强》,载中华人民共和国中央人民政府网,https://www.gov.cn/xinwen/2023-03/11/content_5745992.htm?eqid=cf66c0c1000637f400000002645c5d70。

难、赔偿低等问题。强化协同保护体系，推动构建知识产权大保护格局，与市场监管等部门在信息共享、业务支撑、办案协作等方面加强合作，服务创新驱动发展。落实最高人民检察院（以下简称最高检）关于促进科技生产力发展 13 条检察政策，审慎办理涉高科技人才案件，依法保护发展新动能。二是助力实体经济发展。高质量发展的根基在实体、在产业。精准、高效打击侵犯船舶海工、高端纺织、新能源等犯罪行为，筑牢南通品牌保护防火墙。优化建筑市场环境，成立建筑业检察事务中心，协同构建“一站式”受理、专业化办案机制，促进建筑业可持续发展。推进涉案企业合规改革全覆盖，涉及企业经营类案件做到“应合尽合、能合尽合”，促进合规成果在刑事和行政领域的互认和同步。三是助力打造市域社会治理现代化标杆。加快推进市域社会治理现代化，是完善和发展“中国之治”的具体体现。进一步深化“检格 + 网格”实践，融入“精网微格”工程，用好释法说理、刑事和解、公开听证等手段，助力打造富有“南通特色”的社会治理新模式。秉持“以我管促都管”理念，深挖案件背后的行业性、区域性问题，用好社会治理检察建议、综合性专题性报告等，推动社会治理谋在前、预在先，当好党委政府法治参谋。

（三）守护人民群众美好生活

民心是最大的政治。落实以人民为中心的发展思想，推进“检爱民生”工程，不断增强人民群众司法获得感。一是坚持和发展新时代“枫桥经验”。今年是毛泽东同志批示学习推广“枫桥经验”60 周年暨习近平总书记指示坚持和发展“枫桥经验”20 周年，以开展“信访突出问题攻坚化解巩固提升年”活动为契机，压实首办责任、属地责任，完善信访案件领导包案制、首办负责制，抓实“群众信访件件有回复”、行政争议实质性化解等各项为民举措，切实把涉检信访矛盾纠纷化解在基层、化解在萌芽状态。二是推动乡村振兴迈上新台阶。实施乡村振兴战略既是全党工作的重中之重，也是检察机关的中心重点工作。深入摸排破坏农村环境的公益诉讼案件线索，推动行政机关堵漏建制、长效履职，助力农村人居环境整治。进一步加大对农村地区困难当事人的救助帮扶力度，健全完善司法救助和“江海检爱”基金衔接机制，以多元救助帮扶防止当事人因案返贫致贫。加强与自然资源和规划部门的协作配合，开展土地执法查处领域行政非诉执行监督常态化活动，坚决遏制土地违法行为，严守耕地保护红线。三是持续办好检察为民实事。进入新时代，人民群众在民主、法治、公平、正义、安全、环境等方面的需求从“有没有”转变到“好不好”。对此，检察机关要认真思考人民群众对美好生活的更高标准是什么？对检察履职的更高要求有哪些？如何立足检察职能，在就业帮扶、安全生产、“一老一小”保护等方面推出更多更新的为民举措。唯有如此，才能为保障民生提供更加丰富、更高质量的检察产品。

四、“数”是检察工作现代化的创新动力

数字检察，是指检察机关在履行法律监督职责过程中，借助数字化、智能化载体，更

加高效、精准服务司法办案，履行法律监督职能。[①] 数字检察建设是一场顺应时代潮流，因应社会环境变化的革命，也是推动检察工作高质量发展的重大契机。

（一）强化数据意识

习近平总书记强调，“推动大数据、人工智能等科技创新成果同司法工作深度融合”。[②] 一是树立大数据检察理念。在司法实践中，检察机关通过办案在一定程度上起到促进社会治理的效果，但由于办理的个案居多，监督的深度、广度和影响力还不够。检察大数据战略的提出，是检察机关贯彻新发展理念、提升法律监督实效的重要举措，有利于加快推进检察工作质量变革、效率变革和动力变革。二是探索大数据检察模式。数字检察旨在把数字化、一体化、现代化贯穿到检察工作的全过程各方面，使之发挥全方位的引领作用。大数据检察模式不仅注重数字化技术，更强调数字化意识、数字化思维、数字化认知；不仅注重数字赋能，更强调改革的一体化、全方位和制度重塑，是检察工作走好现代化之路的总抓手。[③] 三是建立大数据检察机制。南通检察机关切实增强做好数字检察工作的责任感和主动性，拟在全市成立数字检察工作领导小组及其办公室，在深化思想认识、拓展信息来源、强化业务培训和综合应用上下功夫。提升检察人员大数据思维，发挥检察人员的创造力，应鼓励创建管用、实用的监督模型，并建立“大数据法律监督平台”，为检察人员办案提供支撑。

（二）充实数据来源

深入贯彻习近平总书记关于加强执法司法制约监督体系建设的重要指示精神，通过数据集成发现监督线索，有效破解监督工作碎片化、监督质效不明显等问题。一是盘活内部数据资源。检察机关在自身工作中会获取和产生一定的数据资源，但很多时候内部办案数据处于“沉睡”状态，数据价值还没有被最大化地挖掘出来。检察业务应用系统、检察数据综合分析平台、12309检察服务中心等渠道，都蕴藏着宝贵的数据“财富”。通过充分开发、整合、运用，激活检察机关内部“沉睡数据”，将之运用到分析研判中，可为检察机关提供大量的法律监督信息线索。二是拓宽外部数据渠道。大数据监督模型离不开基础数据库，需要贯通多方数据的“大数据中心”作为应用前提。对此，应完善检察机关与行政执法机关、公安机关、审判机关、司法行政机关的执法司法信息共享制度，打破“信息孤岛”“数据壁垒”，运用大数据、区块链等技术推进跨部门大数据协同办案。三是建构数据监督模型。数字检察的重点是通过构建数字监督模型，开展大数据的碰撞、比对和分析，从而发现深藏其中的监督线索。把自有数据和外部数据汇集打造成“大数据池”，对海量数据类型化后提炼出特征标签，最大限度地收集、挖掘与之具有相关性的其他数

① 参见王炜、张源：《以数字检察建设提升法律监督质效》，载《检察日报》2023年2月17日，第3版。

② 习近平：《维护政治安全、社会安定、人民安宁》，载习近平：《论坚持全面依法治国》，中央文献出版社2020年版，第248页。

③ 参见贾宇：《论数字检察》，载《中国法学》2023年第1期。

据，构建数据模型，运用算法技术还原业务应用场景，实现法律监督方法手段的智能化改造和数字化转型。

（三）抓好数据运用

以使用为导向，把数据使用好发挥好，推动检察监督从个案监督向类案监督、促进治理延伸。一是开展类案治理式监督。检察大数据思维的核心，是由传统的“数量驱动、个案为主、案卷审查”个案办理式监督，向“质效导向、类案为主、数据赋能”的类案治理式监督转变。检察人员应当积极从个案监督转向类案监督，从被动办案到能动履职，真正实现“个案发现—类案监督—系统治理”目标。二是提升服务保障效能。注重检察大数据运用领域拓展，大数据的运用应当是全方位、贯通“四大检察”，要推动大数据与检察办案工作深度融合，发挥大数据对法律监督工作的放大、叠加、倍增作用，提升检察机关在惩治预防犯罪、监督纠正违法、保护国家和社会公益、促进市域社会治理中的综合质效。三是加强数据安全保障。随着大数据时代的到来，数据安全问题已经成为社会关注的热点问题。检察机关在运用大数据的过程中，要注重数据安全保障，建立完善的数据安全管理制度，加强对数据的保护和控制，确保数据的真实性和完整性，避免数据被篡改或泄露的风险。

法学专论

人民法院移送涉罪民商事案件活动的程序规范与制约监督

李建明*

摘要：人民法院将涉嫌犯罪的民商事案件移送侦查机关、检察机关追究刑事责任，有利于及时惩罚犯罪，保护被害人合法权益或者国家利益、社会公共利益。但如何保证移送活动的合法性、公正性，目前规范性依据不足，实践中乱象不少，检察机关的法律监督有待进一步加强。为保证依法公正行使案件移送的权力，应在推进执法司法制约监督体系建设的过程中，进一步完善人民法院将涉嫌犯罪的民商事案件移送有关机关追究刑事责任的程序规范，建立健全案件移送的程序制约机制，并强化人民检察院对案件移送活动的法律监督。

关键词：涉罪民商事案件　民事诉讼程序　人民法院　移送　制约监督

自20世纪80年代中期，最高人民法院、最高人民检察院、公安部就人民法院在审理经济纠纷案件过程中发现经济犯罪嫌疑移送公安机关（或者检察机关，下同）追究刑事责任的问题，先后多次颁布规范性文件，对审理民商事案件中发现涉嫌经济犯罪的问题提出一些明确具体的要求，从而形成了处理民刑交叉案件以先刑后民为主的基本原则。①其中有代表性的规范性文件是1985年最高人民法院、最高人民检察院、公安部联合出台的《关于及时查处在经济纠纷案件中发现的经济犯罪的通知》（法〔研〕发〔1985〕17号）、

---

* 李建明，南京师范大学法学院教授、博士研究生导师，中国法治现代化研究院司法改革与现代化研究所研究员、副所长。

① 参见纪格非：《论刑民交叉案件的审理程序》，载《法学家》2018年第6期。

1998 年最高人民法院发布的《关于在审理经济纠纷案件中涉及经济犯罪嫌疑若干问题的规定》(法释〔1998〕7 号)和 2017 年最高人民检察院、公安部发布的《关于公安机关办理经济犯罪案件的若干规定》(公通字〔2017〕25 号)。2019 年 3 月《全国法院民商事审判工作会议纪要》(以下简称九民会议纪要)发布后,先刑后民,还是先民后刑,抑或民刑并行,适用规范更加清晰明确。通过这些规范性文件,公、检、法三机关基本达成了共识:人民法院对于涉罪民商事案件,应区别不同情况,将案件移送或不移送公安机关。但是,仅仅明确案件移送需经过人民法院审查决定,以及移送或者不移送的实体条件(即刑民案件是否基于同一法律事实或者同一法律关系),仍不足以保证民刑交叉案件移送或者不移送的合法性与公正性。对人民法院来说,将已经受理的民商事案件移送或者不移送给公安机关,也是行使审判权的活动,但对这一权力的行使,目前尚缺乏完善的程序规范约束,也缺乏健全的制约监督机制,并因此在一定程度上导致了实践中出现案件移送的乱象。法院将涉罪民商事案件移送给公安机关立案侦查的活动也是重要的司法活动,同样应当坚守司法公正底线,必须通过完善的程序规范和制约监督机制,对案件移送活动进行有效的规制约束。

党的二十大报告强调:“强化对司法活动的制约监督,促进司法公正。”①《中共中央关于加强新时代检察机关法律监督工作的意见》进一步明确规定:“强化刑事立案、侦查活动和审判活动监督。及时发现和纠正应当立案而不立案、不应当立案而立案、长期‘挂案’等违法情形,坚决防止和纠正以刑事手段插手民事纠纷、经济纠纷。”②人民法院将审理中的涉罪民商事案件移送公安机关立案侦查,就是属于中央要求重点加强监督的事项。贯彻落实二十大精神和中央关于加强新时代检察机关法律监督工作的要求,检察机关应当将涉罪民商事案件移送公安机关的活动纳入司法制约监督视野,强化有针对性的制约监督,防止案件移送活动偏离公正司法轨道。

一、涉罪民商事案件移送活动中存在的主要问题

人民法院在审理民商事案件过程中向公安机关移送案件的活动分为两种类型:其一,是法院发现正在审理中的民商事案件涉嫌经济犯罪,主动将案件移送有管辖权的公安机关立案侦查。其二,是公安机关发现了犯罪事实并作出了立案决定,知道与该犯罪事实相同或相关的民商事案件正在法院审理中,由此,公安机关应将已经立案的情况通知有关法院。这种通知的效果实际上就是要求法院停止民商事案件的审理,将案件有关材料移送公安机关。不难看出,在这两类案件移送中建立健全有效的程序规制,有效的

---

① 习近平:《高举中国特色社会主义伟大旗帜　为全面建设社会主义现代化国家而团结奋斗》,人民出版社 2022 年版,第 42 页。

② 《中共中央关于加强新时代检察机关法律监督工作的意见》,载《人民日报》2021 年 8 月 3 日,第 3 版。

保障机制,是一个亟须进一步完善的问题。

一是制度规范供给不足。审理民商事案件中遇到案件移送其他机关追究刑事责任的情形并不少见,且由来已久。有承办法官发现经济犯罪嫌疑后以法院名义决定移送的;有公安机关立案后通知人民法院,后者将案件移送的;也有基于民商事案件一方当事人申请后法院将案件移送公安机关的。对于这种并非个别现象的案件移送问题,《民事诉讼法》、《刑事诉讼法》没有具体的相应规定,最高人民法院、最高人民检察院、公安部或者最高人民检察院、公安部联合出台的规范性文件以及最高人民法院出台的有关指导性文件,虽然对应当移送或者应当不移送的情形先后做出了多个具体规定,但是,一方面,仅以“意见”“规定”“会议纪要”等形式做出的规范,缺乏诸如诉讼法上的相应依据,导致效力不足。另一方面,从内容上看,法院内部如何审查、如何作出移送或不移送的决定、当事人在案件移送问题上有无相应的诉讼权利、与和公安机关如何衔接等问题,即使有一些规范,也是过于原则、简单、碎片化,相应的程序性规范还明显不足。总而言之,关于涉罪民商事案件向公安机关移送问题,尚未形成完善的且有较强约束力的制度规范。

二是案件移送实践中的主观随意现象。由于制度规范供给不足,是否移送在很大程度上取决于承办法官的认知和决策。长期专门从事民商事案件审判的法官从案件事实和证据中发现的犯罪嫌疑是否真正属于犯罪嫌疑,本身也是一个问题,加之有的法官可能受到一些外部因素干预,导致该移送的案件迟迟不移送,不该移送的案件却被移送。民商事案件移送公安机关的随意现象主要表现为以下两类情形:一类是实际上没有犯罪嫌疑而被不当移送。如某地承办法官对一起合同纠纷案开庭审理结束后,在做出判决前突然通知6名共同原告,说是合同纠纷因原告涉嫌犯罪,已将案件移送到公安机关处理,紧接着又做出了驳回原告起诉的裁定。原告不服,上诉后二审法院也以公安机关已经立案为由,裁定驳回上诉。约1年后,原告了解到,公安机关虽然曾传唤过他们,但并没有立案,公安机关也为原告出具了所涉经济纠纷不在公安机关立案范围的“情况说明”。凭此“情况说明”,原告重新起诉,法院受理并重新进行了审判。另一类是该移送的不移送。这类案件前几年较为多见。例如,很多后来被作为黑恶势力犯罪打击的交易行为,当时在作为民商事案件审理时,法官对被告一方提出的移送公安机关立案追究的申请,通常以未发现公安机关立案为由不予理会。有些案件法官可能也发现了犯罪嫌疑线索,但仍因为有相关合同、协议、借条、欠条等文件签名盖章属实,或者当事人已超过撤销权行使期限等,继续审理并判决支持形式上合法的诉讼主张。

三是检察机关对于法院将涉罪民商事案件移送公安机关立案侦查活动的法律监督有待进一步加强。对法院移送民商事案件活动的监督既涉及民事诉讼监督,又涉及刑事立案监督,但实践中往往二者皆失或者严重滞后。民刑交叉案件本身涉及诸多方面的程序冲突因素,有相当的复杂性。① 就法院的移送活动而言,该不该移送、移送有无事实根据和法律依据等,检察机关有实施法律监督的权力与职责。就接受移送的公安机关而言,是否及时立案、立案是否符合《刑事诉讼法》规定的条件等,也是检察机关立案监督的重要内容。但从实践情形来看,检察机关对人民法院移送案件活动是否合法、公安机关是否及时立案或立案是否符合法定条件的监督并未予以足够重视,法律监督缺位滞后。一方面,法院将涉罪民商事案件主动移送公安机关立案侦查的信息,以及公安机关将立案情况通知人民法院的信息,都只在人民法院与公安机关之间传输,在尚未建立案件移送信息共享机制的情况下,检察机关一般难以及时掌握相关信息;另一方面,在《刑事诉讼法》将立案监督主要指向应当立案而未立案情形之下,无论是人民法院主动将涉罪民商事案件移送给公安机关立案侦查,还是公安机关主动通知人民法院将正在审理的民商事案件相关材料移送给自己,都是一种积极的刑事追诉行为,因而不属于立案监督应当重点关注的情形。这也反映出检察机关对涉罪民商事案件移送活动法律规制的监督不足。

二、完善涉罪民商事案件移送规范与制约监督机制的重要意义

人民法院将已经受理的民商事案件移送公安机关,本质上也是行使审判权的司法活动。既然是一种审判活动,就同样应当坚持审判活动的合法性、公正性,努力让人民群众在每一个决定移送或不移送的案件中感受到公平正义。因此,进一步完善涉罪民商事案件移送的程序规范及其制约监督机制具有重要性和必要性。

(一)有助于完善人民法院执法司法制约监督体系

在"由审理者裁判,由裁判者负责"的新型审判权运行机制下,对于认为存在经济犯罪嫌疑的民商事案件决定移送公安机关,或者决定继续审理,无疑属于负责案件审理的法官的职权范围。但是,对于这样一个事关当事人合法权益的权力行为,为防止权力的滥用或者误用,导致司法不公问题,必要的制约监督不可缺位。鉴于目前这方面制度性缺失的问题,完善涉罪民商事案件移送的制度规范,可被理解为推进人民法院执法司法制约监督体系改革、建设的重要内容之一,有助于完善人民法院执法司法制约监督体系。

(二)有利于维护当事人的合法权益

依据案件移送规范,将涉罪民商事案件及时移送公安机关立案侦查,有利于通过公安机关的刑事侦查措施特别是追赃、责令退赔等活动,及时有效地避免或者减轻被害人的物质损失。通常来说,刑事追赃、责令退赔等措施较之于民事诉讼,在时间上、效果上更有利于维护权利方的合法权益。同样的,保证案件移送的规范性、公正性,防止将实际上并不涉嫌犯罪的民商事案件不当移送给公安机关,导致正常审判程序的不必要中断,

① 参见宋英辉、曹文智:《论刑民交叉案件程序冲突的协调》,载《河南社会科学》2015 年第 5 期。

既维护了当事人的诉权，也有利于及时审结案件，解决纠纷，维护当事人的实体性合法权益。事实上，将一起正在审理的民商事案件移送给公安机关，即便公安机关决定不立案时法院还可以恢复诉讼，在作出驳回起诉裁定的情况下，当事人也仍然可以重新提起诉讼，但在客观上已经对当事人的诉权造成了不必要地侵害，而对当事人实体性合法权益的维护也可能产生不利影响。譬如，案件移送后，财产保全措施可能被解除，客观上可能为负有义务的一方当事人转移、处置财产提供了时间和便利。即使最终仍然维护了实体性合法权益，也至少增加了当事人的诉讼成本和负担。

（三）有利于维护社会秩序

合法公正的司法程序本身就是维护社会秩序的必要手段。完善的案件移送规范及其制约监督机制，有利于保证符合条件应当移送的涉罪民商事案件及时移送公安机关，使犯罪行为及时受到应有的刑事追究；将并不涉嫌犯罪的民商事案件继续审理，及时审结、定分止争，防止因不合法、不公正的案件移送引发新的社会冲突，或者激化已经发生的社会冲突，这些都有利于维护社会秩序，维护社会和谐稳定大局。

（四）有利于防止司法资源浪费

一个不应当移送或者不应当全案移送的案件，被全案移送公安机关后，公安机关需要消耗一定的资源进行调查审核；如果最终不被立案或者立案后又撤案，并且如果案件已被法院做出驳回起诉裁定，那么之后当事人可能还得重新起诉，人民法院也还得重新立案，重新启动审判程序，这同样会浪费一定的司法资源。可见，减少不当移送，有利于防止浪费司法资源。同理，一个涉嫌犯罪应当及时移送而没有移送的涉罪民商事案件，在后续的诉讼过程中，甚至在案件的裁判执行阶段，仍然可能因为纠纷事实被刑事立案追究而使裁判停止效力，同样也可能造成司法资源的严重浪费。

（五）有利于提升民商事审判活动和刑事诉讼活动的公信力

对民商事案件做出移送或不移送的决定，也是人民法院的一种审判活动。完善相应的移送规范及其制约监督机制，保证移送或者不移送决定在程序上做到合法、公正、透明，有利于提升人民法院民商事审判活动的公信力，也有利于提升公安机关刑事立案活动的公信力。

三、规范人民法院移送涉罪民商事案件活动需要解决的程序问题

对人民法院移送涉罪民商事案件活动进行制约监督，首先要有完善的程序规范体系。这些程序规范既是人民法院和公安机关在移送、接受移送或者要求移送涉罪民商事案件问题上的权威依据，也是检察机关对涉罪民商事案件移送活动实施法律监督的重要依据。完善案件移送的程序规范，需要解决好以下程序性问题。

第一，案件移送的实质性条件。现行规范性文件对于人民法院应当将民商事案件移送的条件一般都表述为“发现有经济犯罪”或者“发现经济犯罪”“认为不属于经济纠纷

而有经济犯罪嫌疑”“涉及经济犯罪嫌疑”或者“认为有经济犯罪嫌疑”“发现经济犯罪线索”“涉嫌刑事犯罪”等。这些大同小异的表述没有大的问题，需要解决的问题是，认定存在经济犯罪嫌疑的事实状态或证据条件是什么，嫌疑需要达到什么程度。这个问题没有很多讨论，更没有明确过，实践中由法官自己判断把握。而能否正确把握，便决定了案件移送是否具有合法性与公正性，作为程序规范，对移送的实质性条件，应当提出相对具体、明确、便于操作的要求。

第二，公安机关通知人民法院已经立案的案件是否一律移送。1998 年最高人民法院发布的《关于在审理经济纠纷案件中涉及经济犯罪嫌疑若干问题的规定》第 12 条规定：“人民法院已立案审理的经济纠纷案件，公安机关或检察机关认为有经济犯罪嫌疑，并说明理由附有关材料函告受理该案的人民法院的，有关人民法院应当认真审查。经过审查，认为确有经济犯罪嫌疑的，应当将案件移送公安机关或检察机关，并书面通知当事人，退还案件受理费；如认为确属经济纠纷案件的，应当依法继续审理，并将结果函告有关公安机关或检察机关。”这个规定很明确，也很合理，说明并非一律移送，而是看是否确实存在犯罪嫌疑。但实践中受先刑后民的习惯思维影响，通常会无条件移送。人民法院对于有无经济犯罪嫌疑是进行实质性审查，还是只作形式审查或不审查，发现确有犯罪嫌疑是否就一律移送，这些都需要进一步明确。

第三，对当事人一方请求法院将正在审理的民商事案件移送公安机关立案追究刑事责任的如何处理。通常是被告一方收到应诉通知后或者在诉讼过程中提出移送申请，以原告行为涉嫌犯罪为由，请求法院将案件移送公安机关立案侦查，这种申请是否具有行使诉讼权利的属性，抑或仅相当于人民法院收到了人民来信。人民法院是否需要对其请求进行审查并作出正式的回应，是口头回复还是以书面决定形式送达，这些也有通过规范予以明确的必要。

第四，如何构建案件移送的审查与决定程序。决定案件移送或不移送公安机关，是一项严肃的权力行为，谁来启动，谁来审查，如何审查，谁有权做出决定，如何做出移送的决定，是全案移送还是部分移送，是全部案件材料的移送，还是只移送犯罪嫌疑线索，决定移送或不移送的法律文书有何要求，这些问题都是不能回避的程序性内容。

第五，决定案件是否移送的审查决定过程中双方当事人有无程序参与权。现有规范只是要求审理案件的法院在移送案件后通知相关当事人，当事人并无程序参与权。案件移送直接影响当事人的诉权，对当事人的实体权益也产生影响，是否承认并保障当事人对于案件移送活动的程序参与权，对于案件移送的合法性、正当性以及移送行为的司法公信力，都有重要的影响，是案件移送程序中不可忽略的重要问题。

第六，案件移送过程中人民法院与公安机关如何有效衔接。实践中有的法院和法官将案件移送视同结案，一移了之，再无人过问关心被移送案件是否被公安机关立案以及后来的诉讼进展。移送后公安机关是否立案，立案后有无撤案，侦查终结后检察机关是否作出了起诉决定等,这些信息对于法院及时恢复诉讼或及时纠正错误的移送非常重要,现行规范性文件虽有所规定,但很不到位。例如,依据2017年颁布的《最高人民检察院、公安部关于公安机关办理经济犯罪案件的若干规定》第23条、第24条的规定,公安机关接受人民法院移送的案件后,只是在决定不立案时,才需要告知移送案件的人民法院。如果公安机关决定立案,就不需要告知。如此,移送案件的人民法院手中便没有公安机关决定立案的告知书,无法向民商事案件的当事人说明法院终止审判程序的合法性。为此,需要在人民法院与接受移送的公安机关之间建立有效的衔接机制,以确保法院及时掌握公安机关接受移送后案件处理的相关信息。

第七,移送案件未能引起刑事追诉程序或者刑事追究结果情形下,如何处理已经被裁定驳回起诉的民商事案件的恢复诉讼问题。如果只是作了中止诉讼的决定,一旦确定公安机关不予立案,法院便可恢复诉讼,并无困难。如果人民法院在收到公安机关立案通知后才做出驳回起诉的裁定,通常也不会有大问题。但是,如果法院已做出了驳回起诉的裁定,而被移送的案件又最终未予立案,或者立案后又撤销了案件,或者检察机关做出了不起诉的决定,或者法院审理刑事案件后做出了无罪判决,那么,被移送的民商事案件如何处理仍然是个问题。是由人民法院依职权启动审判监督程序,撤销原驳回起诉裁定,恢复民商事案件审理,还是必须由当事人自己决定是否重新起诉,否则驳回起诉的裁定继续有效。

第八,如何避免因案件移送后刑事诉讼程序的不确定性给当事人可能造成的不必要的损失。案件移送公安机关后,法院做出驳回起诉的裁定,之前根据原告的申请所采取的财产保全措施将随之解除,不解除的也可能在保全期限届满后自动解除。一旦公安机关最终未予立案,或者立案后又撤销了案件,或者检察机关做出不起诉决定,或者法院做出无罪判决,那么,之后重新恢复审理或者重新起诉,都有可能发生原告胜诉后被告已无财产可供执行的有损原告合法权益的后果。为此,完善人民法院移送涉罪民商事案件的规范时应当考虑如何从程序上避免或者防止当事人不应有的合法权益损失。这个问题客观上属于错误移送损害结果的权利救济问题,同样应当作为程序问题予以考虑。

第九,检察机关如何加强对人民法院、公安机关有关涉罪民商事案件移送活动的法律监督。"检察机关是在诉讼程序中履行监督职能的专责部门,法律监督职能的履行直接关系执法司法公正。"[①]人民法院将审理中的民商事案件以涉罪为由移送给公安机关立案侦查,或者公安机关通知人民法院将审理中的民商事案件移送给自己,形式上只是个程序问题,但实质上又是个实体问题。无论是程序问题,还是实体问题,都有个合法性与公正性问题。既然是在诉讼程序中发生的事情,为了保证案件移送活动的合法与公正,

① 应勇:《学习贯彻习近平新时代中国特色社会主义思想 以检察工作现代化服务中国式现代化》,载《民主与法制》周刊2023年第31期。

人民检察院就应当将其纳入法律监督的职责范围。因此,如何将检察机关对人民法院和公安机关涉罪民商事案件移送活动的法律监督制度化、程序化,也是一个有必要解决的程序问题。

四、完善涉罪民商事案件移送程序规范与制约监督机制的构想建议

通过完善的程序规范和健全的制约监督机制,保证人民法院移送涉罪民商事案件的活动依法公正进行,是新时代中国刑事司法现代化的必然要求。这一目标的实现同时涉及人民法院、公安机关、检察机关,而重点工作在法院,因为法院是作出移送或不移送决定的权力主体。但是,接受移送案件的机关是公安机关,检察机关对案件移送活动负有监督职责,因而,需要最高人民法院、最高人民检察院和公安部三机关协同发挥主导作用。规范人民法院移送涉罪民商事案件的活动,强化对移送案件权力活动的制约监督,指导思想上首先必须明确,人民法院将审理中的民商事案件移送公安机关立案侦查,本质上也是行使审判权的活动。人民法院内部要加强对案件移送权力的制约监督,人民检察院也应当加强对于法院案件移送活动以及公安机关接受案件移送活动的外部监督,以保证法院依法公正行使移送案件的权力,公安机关依法公正行使立案的权力,依法保障当事人的合法权益。

(一)及时联合出台关于规范人民法院移送涉罪民商事案件的规范性文件

鉴于案件移送活动涉及人民法院、公安机关、人民检察院,因而三机关可在梳理以往针对刑民交叉案件所做出的相关规定的基础上,针对案件移送实践中发生的问题和存在的难题,及早联合出台一个系统规范人民法院向公安机关移送涉罪民商事案件的司法解释性文件,形成一个较为完善的公、检、法三机关一体遵行的移送程序。与此同时,在总结实践经验和深入调查研究的基础上,积极推动将人民法院向公安机关移送涉罪民商事案件的相关重点内容进入《民事诉讼法》。

(二)明确规定人民法院对涉罪民商事案件应当移送或不移送的情形

现行的规范性文件对于哪些应当全案移送,哪些应当部分移送,哪些不应当移送的情形有所规定,出台规范性文件时要在此基础上做出更加系统、明确、具体的规定,增强可操作性。例如,可以规定,在人民法院受理案件之前,公安机关对基于同一法律事实已经立案侦查的,人民法院应当将相关的民商事案件移送已经立案的公安机关;在人民法院审理案件期间公安机关立案的,人民法院对同一法律事实是否涉嫌经济犯罪进行审查后,根据具体情况,决定是否将案件移送公安机关。

(三)明确案件移送的实质性条件

如前所述,现行规范性文件中多使用"发现有经济犯罪嫌疑""认为确有经济犯罪嫌疑""认为不属经济纠纷案件而有经济犯罪嫌疑""涉嫌刑事犯罪""发现经济犯罪线索"等表述移送的条件,这些表述只表明法官或者法院对移送案件的主观认识或者说是移送

的主观要件。为了防止对条件把握时的主观随意性,保证案件移送的严肃性、合法性、公正性,有必要首先明确规定一些客观性的实质条件。可以依据《刑事诉讼法》对立案的条件予以规定,明确移送案件的条件,即有证据证明有犯罪事实存在;需要追究刑事责任。其中,关键证据需要经过查证属实,防止一方当事人为逃避履行民事义务伪造证据,或提供一些无关联性的证据,证明所谓的犯罪嫌疑,误导法院错误移送案件。

(四)完善案件移送的启动、审查和决定程序

移送或不移送的决定相当于做出裁定,因而需要经过一定的程序慎重做出决定,这个程序应具有必要的诉讼化特征和司法制约监督机制。大体包括以下环节:第一,由承办人或合议庭提出移送建议。无论是合议庭自己发现了犯罪嫌疑线索,还是因为公安机关向法院告知了已经立案的信息,或者是一方当事人提出了案件移送的申请,承办法官都应当先进行开庭调查,对涉罪事实性质有个比较清楚的认识。经认真审查后,写出移送或不移送、全案移送或部分移送的审查报告,阐明事实根据、相应的证据、法律依据及其理由,提出相应的建议,并附相关的证据材料。如果是合议庭审理的案件,须经合议庭讨论,形成合议庭意见。第二,由业务庭长或分管院长召集法官会议讨论审查报告及其建议,举行法官会议时应当邀请二至三名从事刑事审判业务的法官参加。第三,承办人或合议庭根据法官会议的意见和建议决定是否移送,并报送分管院长审核。第四,分管院长认为应当移送的,报院长批准。案情重大、疑难、复杂的,可提交审判委员会讨论决定。第五,作出移送案件的决定,将案件全案或部分移送公安机关,同时作出中止审理的决定或者驳回起诉的裁定,送达当事人双方。决定不移送的,通知公安机关或者申请移送的一方当事人。移送案件的事实与审理的纠纷事实不属同一事实的,纠纷案件继续审理。

(五)保障当事人的诉讼参与权

承办人拟做出全案移送决定并因此可能中止审理或者驳回起诉的,承办人或合议庭应当就涉嫌犯罪的事实进行听证调查,并就相关纠纷事实是否涉嫌刑事犯罪听取当事人双方的意见。作出中止审理决定的,应当给予当事人申请复议的权利;做出驳回起诉裁定的,告知其上诉的权利。

(六)建立案件移送接受的衔接机制

接受移送案件的公安机关应及时书面告知案件立案或不立案、或立案后撤销案件、检察机关做出不起诉决定的情况,法院也应当主动及时了解掌握被移送案件是否被公安机关立案及后续的诉讼情况。

(七)完善错误移送的风险防范机制与救济机制

涉罪民商事案件移送公安机关后,如果公安机关未立案或者立案后又撤案,或者检察机关作出了不起诉决定,或者法院做出了无罪判决,则意味着法院将审理中的民商事案件移送公安机关未能实现移送的初衷,因而客观上属于移送错误。这种错误有可能导

致两个后果:一是当事人的诉权受到了侵害;二是原告实体性合法权益可能难以得到维护,即案件移送前对被告财产采取的诉讼保全措施被解除后,被告再无履行判决确定的民事义务的能力。为避免原告的合法权益因错误移送案件受到损失,建议规定:第一,明确案件移送后公安机关做出立案决定前,法院做出中止审理的决定,不解除财产保全措施,且诉讼保全期限中断;公安机关做出不立案决定的,立即恢复民商事案件的审理。第二,做出驳回起诉裁定时,对已采取的诉讼保全措施不当然解除,可要求被告提供相应的担保措施后有条件解除。发生公安机关不立案、检察机关不起诉、法院判决无罪情形时,立即按审判监督程序撤销驳回起诉裁定,恢复原民商事案件审理,而无须当事人申请或者重新起诉。第三,恢复审理后,如果胜诉一方因法院错误移送案件并解除财产保全措施从而导致当事人实体性合法权益受到损失的,有权向人民法院或公安机关申请国家赔偿。

(八)切实加强人民检察院对于人民法院将涉罪民商事案件移送公安机关立案侦查活动的法律监督

通过司法解释性规范明确人民检察院对于人民法院案件移送活动和公安机关立案活动进行监督的权力和职责,并建立健全相应的工作机制。人民法院将审理中的民商事案件移送公安机关的,人民法院应将案件移送的决定及其相关的依据和理由抄送同级人民检察院;公安机关将自己立案侦查的情况通知正在审理民商事案件的人民法院的,应同时将通知抄送同级人民检察院。人民检察院获得相关信息后,根据具体情况,及时跟进对人民法院案件移送活动和公安机关立案活动的法律监督,必要时可以向人民法院发出检察建议或者纠正违法通知,或者要求公安机关说明立案或者不立案的理由。立案或不立案理由不能成立的,人民检察院可以提出相应的纠正意见。

新时代检察权运行的逻辑与面向

秦宗文　温家珠*

摘要：在习近平法治思想的指导下，中国特色社会主义法治进入了新时代，检察制度迎来了新发展。检察权的本源属性具有多重性，包括检察权的司法属性、行政属性以及公益属性。在新时代背景下，检察制度的发展要吸收域外国家检察权运行的有益成果，借鉴域外成功经验的同时结合我国国情和司法实践，坚持中国特色社会主义法治道路，用社会主义检察理论指导检察实践，找准检察权新的历史定位和时代坐标。尤其需要坚持检察机关的法律监督权能的宪法定位，及时更新法律监督的理念，把检察权运行落到实处。

关键词：检察权　法律监督　检察理念　司法改革

新时代背景下，检察权行使的主体、范围和方式都发生了深刻的变革。一是国家监察体制的改革使《宪法》所赋予检察机关的法律监督职能得以重视。《中共中央关于加强新时代检察机关法律监督工作的意见》明确提出，"完善检察权运行制约监督机制"。二是检察机关内设机构改革的落地，"四大检察业务全面协调充分发展"新理念的提出，检察工作将面临新的样态。因此，新时代检察工作要坚持以习近平法治思想为指引，科学配置检察职能，找准检察工作的发力点。而检察工作朝着什么方向前进需要进一步把握好新时代检察权运行的逻辑，基于此，本文以检察权能为立足点，厘定检察权运行的逻辑和面向，探究新时代检察权的发展趋向，以期对中国特色社会主义检察工作的发展有所裨益。

* 秦宗文，南京大学法学院教授、博士研究生导师；温家珠，南京大学法学院博士研究生。基金项目：2023 年山西省人民检察院检察理论研究课题（项目编号：SX2023B23）。

一、检察权的三重属性

关于检察权的属性问题[①],学者们在研究中将检察权进行具体化,即明确检察权到底是何种权能。世界各国普遍建立了检察制度,在各国检察制度研究中检察权也成了历久弥新的话题。能否把握好当前检察权运行的逻辑,关键在于能否对检察权的属性有清晰的认识,这是进行下一步研究的前提。笔者认为,关于检察权属性问题要根据不同国家的历史、现实以及经济社会发展状况来判断,不能盲目对号入座,更不能脱离国情而套用。故在检察权属性探讨中,笔者认为我国检察权兼具多重属性。这是我国检察权与西方法治国家检察权的重要区别,也是寻求检察权运行的逻辑与面向的前提。

(一)第一重属性:法律监督属性

我国《宪法》第 134 条规定,"中华人民共和国人民检察院是国家的法律监督机关。"这是我国《宪法》对人民检察院的宪法定位。《人民检察院组织法》第 21 条规定,"人民检察院行使本法第二十条规定的法律监督职权"。法律监督既是我国检察制度最基本的内涵,也是我国检察制度持续发展的基本方向。[②] 而我国检察机关的法律监督是源于列宁的法律监督的思想。列宁在《论"双重"领导与法制》《怎样改组工农检查院》等文章中指出,法制的实现不仅需要运用国家权力对违法者制裁,而且首先要求在国家的权力结构中确立一种督促人们遵守法律、发现并追诉违法者的法律监督机制。没有一个有效的、以国家强制力为后盾的法律监督机制,就不可能有法律的普遍遵守和适用,就不可能建立起有秩序的法制。[③] 法律监督的目的是控制国家权力运行,避免国家权力无限扩张,使国家权力在合理的边界内运行。

人民代表大会制度是我国的根本政治制度,在人民代表大会下形成了"一府一委两院",从政治序列来看,检察机关在我国具有与政府、监察委、法院并列的地位,都是由人民代表大会产生,对人民代表大会负责。西方国家,立法、行政、司法相互配合和制衡,形成自己独特的政治体制,而检察机关并不享有独立特殊的地位。虽然西方检察机关不享有法律监督的权能,但是却具有法律监督的属性,这与我国检察机关的法律监督属性有

---

① 关于检察权的属性,学界主要有以下不同观点:第一,行政权说。参见谭世贵:《中国司法改革研究》,法律出版社 2000 年版,第 312 - 316 页;陈卫东:《我国检察权的反思与重构》,载《法学研究》2002 年第 3 期。第二,司法权说。参见徐益初:《析检察权性质及其运用》,载《人民检察》1999 年第 4 期;龙宗智:《论检察权的性质与检察机关的改革》,载《法学》1999 年第 10 期;倪培兴:《论司法权的概念与检察机关的定位——兼评侦检一体化模式》(下),载《人民检察》2000 年第 4 期。第三,双重属性说。参见洪浩:《检察权论》,武汉大学出版社 2001 年版,第 93 - 102 页;彭勃:《检察权的性质与"检警一体化"理论试析》,载《当代法学》2002 年第 8 期;万毅:《检察权若干基本理论问题研究——返回检察理论研究的始点》,载《政法论坛》2008 年第 3 期。第四,法律监督权说。蒋德海:《法律权威与中国检察权的宪法复归》,载《国家检察官学院学报》2005 年第 4 期。第五,多元化权力说。孙谦、樊崇义、杨金华:《司法改革报告——检察改革、检察理论与实践专家对话录》,法律出版社 2002 年版,第 28 页。

② 樊崇义:《检察机关深化法律监督发展的四个面向》,载《中国法律评论》2017 年第 5 期。

③ 参见贺恒扬:《我国检察权的基本特征》,载《国家检察官学院学报》2008 年第 3 期。

异曲同工之妙。我国检察机关所具有的法律监督属性是由我国的权力结构模式决定的。[①] 因此,法律监督属性作为检察机关的基本属性,在不同国家的政治体制中予以了体现,作为维护法律秩序的重要功能而存在。

(二)第二重属性:司法与行政属性

我国的司法机关不仅是法院,同样也包括了检察院,意味着司法权同样也包括了审判权和检察权,这就使我国检察机关的检察权司法属性在理论架构上存在依据和支撑。大陆法系的德国检察机关虽然属于行政机关,但是其行使职权时也具有司法属性。从检察权的表现形式来看,检察权通过执法司法活动来表现。在执法中,检察权具有判断的特性,"以事实为依据,以法律为准绳",对违法犯罪行为进行中立性的考量,依据法定程序和法定职权进行收集证据,在证据裁判的基础上对犯罪事实予以认定。在司法中,检察权以诉讼办案为中心,具有承上启下的作用,检察权向前可以监督公安机关的侦查,向后可以限制法院的审判范围。检察机关在决定提起公诉或决定不起诉时,就是根据对犯罪事实的认定以及法律规范的适用作出判断。

在德国检察系统分为三级,分别为联邦总检察院、州级总检察院、州级检察院。州级总检察院对辖区内的州检察院具有管辖权和领导权,即总检察院的首长可以对下级检察院的业务进行干预。在我国,我国检察机关与行政机关的序列一样,包括最高人民检察院、省级人民检察院、市人民检察院以及基层人民检察院。对域外进行考察时发现,检察权具有行政属性的最明显的特征体现在侦查活动上。此外,检察权在运行方式上采取检察一体,采取检察一体意味着在上下级检察机关和检察人员之间是上命下从的关系。上下级检察机关之间是领导与被领导的关系,这与行政机关上下级的关系保持一致,这种领导隶属的模式是检察一体的要求,有利于快速侦破大案、要案。检察机关行使的检察权能不是终局裁量权,检察机关向法院提起公诉是求刑权。那么,为了提高诉讼效率,尽快按照法定时间、条件和程序解决案件,这种结构是合理的,因而检察权具有行政属性。

(三)第三重属性:公益属性

党的十八届四中全会提出"建设检察机关提起公益诉讼制度",从狭义上来说公益诉讼本身就是为了维护集体、国家和社会公共利益[②],从检察机关的公益诉讼检察职能来说,公益属性是其应有之义。根据公共信托理论,公众将其所共有的自然资源权益与政府建立信托关系,委托政府履行管理或保护的义务,当自然资源所体现的公共利益受到

---

① 参见张栋:《我国检察权运行规律的层级化思考》,载《江海学刊》2013 年第 6 期。

② 在学界关于公益诉讼的所保护的社会公共利益还存在内涵和外延的争论,有部分学者认为社会公共利益要比集体利益、国家的外延更大,由于文章写作主题和篇幅所限,笔者在此不作赘述。参见程龙:《刑事附带民事公益诉讼之否定》,载《北方法学》2018 年第 6 期。

威胁或损害时，受托人即有权代表公众向损害者提起自然资源损害赔偿之诉。[①] 国家代位公民行使权力是国家意志性的体现，行使国家的公权力对公共资源进行保护。检察机关作为公益诉讼的启动者，体现了检察机关的公益代表人的角色，也强化了对于侵犯公共利益的案件国家干预。[②] 以上是从狭义角度来理解检察公益诉讼中检察职权的公益属性，那么从广义上来看，检察职权也具有公益属性。

从现代法治国家来说，包括大陆法系和英美法系，有的国家把检察机关定位为行政机关，有的国家把行政机关定位为司法机关，但是其检察权能的行使具有很大的类似性。美国的检察官可以决定对案件起诉或者不起诉，通过辩诉交易解决部分犯罪嫌疑人、被告人的刑罚处置问题。而检察机关行使这些权能的目的就是尽快消除纠纷，恢复被破坏的社会生活的秩序，维护稳定。我国检察机关有刑事、民事、行政、公益诉讼四大检察业务，除了公益诉讼之外，刑事诉讼检察、民事诉讼检察、行政诉讼检察也具有维护公共利益的性质。以刑事诉讼为例，刑事诉讼是解决被追诉人刑事责任问题的程序，引起被追诉人刑事责任的原因可能是其破坏了国家和社会秩序和安定，也可能是其侵犯了公民的人身和财产安全。基于这种公共利益的考量，国家通过行使公诉的权能来对公共利益进行维护，这也是检察机关公益属性的具体体现。尤其在新时代检察机关要以公益诉讼为突破口，创新检察职能以代表公共利益为职责。

二、检察权的运行逻辑

检察权的运行逻辑既包括检察权运行的本源、起因、发展状况，也包括检察权运行的历史现实情形、发展趋势等方面。笔者结合自己的研究选取了其中三个重点阐述检察权运行的逻辑，综合分析社会性质、国家追诉主义的模式以及维护公共利益和公正的价值理念与检察权的关系。

(一)国家性质是检察权运行的本源

检察制度最早起源于大陆法系的法国和英美法系的英国。以这两个国家为例。法国真正确立近代意义上的检察官是在资产阶级反封建革命胜利以后，法国的检察权在刑事诉讼方面规定了检察官处于独占公诉权的原告官地位，享有侦查、公诉犯罪的职权，享有监督并指挥军警及监督预审法官等职权，享有监督裁判的执行职权；在民事诉讼方面，检察官也维护公共有序的民事秩序。而英国的检察权并不对所有的犯罪起诉，只对涉及政府作为直接当事人的重大案件代表政府参与诉讼。[③] 所以，英国检察长和检察官是由

---

① 参见周勇飞、高利红：《多元程序进路下环境公共利益司法体系的整合与型构》，《郑州大学学报（哲学社会科学版）》2020 年第 5 期。

② 参见张建伟：《公益诉讼之外的公益诉讼》，载《检察日报》2020 年 10 月 22 日，第 5 版。

③ 参见梁景明：《检察制度的多元发展刍议——基于检察制度起源的比较考察》，载《法学杂志》2009 年第 9 期。

国王律师和国王法律顾问演变而来,被确定于行政法律顾问及政府监督的职能范围。英国对于刑事案件的起诉,一般是由检察官决定选择;如果按照简易程序起诉,则案件是由警方提起公诉;如果按照正式程序起诉,则案件就由检察官或者聘请律师以检察官的名义起诉。[①] 由此可见,在检察权的运行上大陆法系与英美法系存在很大的区别。

究其本源,笔者认为是国家性质决定了检察权运行的模式。这里的国家性质包括了国情、经济社会发展情况、历史法律文化等因素。各国检察机关的职能大小大不相同,这是由一国的政体及对检察权的定位决定的,同时也与该国的历史传统、文化背景和司法制度等因素密切相关。[②] 我国的检察权运行的模式与其他国家和地区存在区别,原因在于我国是人民民主专政的社会主义国家,在中国共产党的领导下实行民主基础上的集中,集中领导下的民主。我国的检察权运行实行检察一体,全国统一实行检察权,上下级检察院之间是行政隶属关系。

综上所述,虽然检察权运行的模式各国有所区别,但是检察权运行的目的都是维护社会公益,消除社会矛盾,以维护国家和社会稳定为目标,不同国家之间存在共同之处。

(二)国家追诉是检察权运行的动因

在法治发展过程中存在个人诉讼、团体诉讼、纠问式诉讼、国家检控诉讼。在有国家检控诉讼之前,当被害人的人身、财产受到侵害时一般采取个人诉讼的方式进行,被害人向司法审判机关提出诉讼请求,请求审判机关惩罚犯罪人或者赔偿损失。这种个人自诉的方式虽然节约了国家的司法资源,但是带来了更大的不稳定的因素。被害人在通常的生活中是弱势的一方,限于自己的力量,往往难以向审判机关提供充分的证据,最终败诉会加剧被害人的报复心理,影响社会安定。此外,犯罪人没有受到应有的惩罚,罪责不相适应,反而放纵了犯罪,存在继续犯罪的风险。国家追诉主义在这样的背景下产生,通过检察权的运行以国家机器作为后盾来对犯罪人进行追诉和惩罚。

检察制度是司法制度的进步,是法治文明的进步,私人追诉让渡于国家追诉,让国家承担起追诉犯罪、伸张正义和维护公益的责任。在法治国家,检察机关应承担起刑事公诉的职责,刑事公诉的全过程都离不开检察机关的参与,公诉中检察机关是代表国家参与诉讼的一方,同时检察机关也是监督整个公诉的进行,具有监督者的身份。因此检察机关在公诉中也具有"公诉人"和"法律监督人"的双重身份。我国是国家追诉主义,检察一体与检察官独立办案相结合,《宪法》规定检察机关独立行使检察权,检察权的运行要遵守《宪法》和法律的规定,要在法律的框架内行使检察权,检察机关是人大选举产生,对人大负责,接受人大监督。在国家追诉主义下,检察机关拥有更大的决定权,作为刑事公诉的启动者,可以决定是否提起诉讼,但是检察权的运行也不是不受限制的,国家追诉主

---

① 参见张培田:《检察制度本源刍探》,载《中国刑事法杂志》2000 年第 5 期。

② 参见周遵友、季美君:《德国检察官的职业保障及其对中国的借鉴意义》,载《中国法律评论》2020 年第 5 期。

义下检察权运行要发挥好自身的作用。

（三）公平正义是检察权运行的取向

公平正义是衡量一个国家法治进步的标准，也是司法公信力的重要衡量标准。第一，立法过程中要考虑人民的利益、也要对国家权力机关的权益进行配置，在彼此之间保持均衡，这样的均衡就是公平的体现；在执法司法过程中，执法司法者往往具有裁量的自由，但是这种自由是由立法进行约束，盲目扩大则会损害公平正义。第二，迟到的正义非正义，检察权运行的过程中要及时高效地对案件进行处理。避免司法案件久拖不决。司法案件久拖不决，即使最后使司法案件得到了处理也浪费了大量的司法成本，没有体现法效益的原则。第三，在检察权运行中要通过法定程序让正义得以体现，公正包括实体公正和程序公正，程序公正要求检察权严格按照程序规定①，既做到过程公正，又实现结果公正。

从检察权运行的价值和目的出发，检察权的设置是国家把公诉权掌握在自己的手中，从而维护政治稳定、社会稳定。法治的进步，人民主权的观念深入人心，人民把追诉的权力以国家的名义委托检察机关代为行使，这是基于对国家工具的信任。那么检察权的行使是国家权力的体现，必然要保护好社会民众的利益，保障弱势者、让弱势者权利得到救济。检察权除具有保障的功能还具有控权的功能，可以对其他国家的权力行使进行限制，避免因国家权力与公民权利之间实力悬殊而对公民权利产生损害。检察机关在行使检察权时要秉承公平正义的理念，依法独立公正行使检察权，努力在每一个司法案件中都能实现公平正义。

三、检察权的运行面向

（一）坚持依宪检察与转变检察理念相结合

坚持依宪检察是《宪法》对检察机关职能定位提出的要求，而转变检察理念是检察机关新时代检察工作的开展对自身提出的要求，两者有效结合才能使检察权能有效运行。在坚持《宪法》对检察机关的定位不动摇的前提下检察机关转变检察理念，努力适应国内外形势变化、经济社会的发展需求，以更高的司法标准践行检察职能，如此检察权才能得以顺畅运行。

《宪法》是我国的根本大法，党的二十大报告中提出“坚持依宪治国”“依宪执政”，而检察机关需要依宪检察，具体而言依宪检察有以下几层含义：第一，要根据《宪法》的规定和要求，在《宪法》的框架内行使检察权，坚守客观公正立场的核心就是：检察官既是犯罪的追诉者，也是无辜者的保护方。② 第二，《宪法》规定了检察机关是法律监督机关，这是

---

① 参见陈瑞华：《司法过程中的对抗与合作——一种新的刑事诉讼模式理论》，载《法学研究》2007 年第 3 期。

② 参见孙谦：《走向法治——关于法治问题的几点思考》，载《人民检察》2020 年第 1 期。

检察机关的宪法定位,在《宪法》没有明文做出调整和变动之前,检察机关必须坚持宪法定位,行使法律监督的职权。第三,《宪法》要求保障人权、习近平总书记强调,要坚持以人民为中心[①],检察机关在行使检察权时必须坚持检察为民,通过检察职能的贯彻落实来保障人民群众的切身利益。第四,检察机关是政治机关,这是我国的国体和政体决定的,是人民检察院的性质和任务决定的。因此,检察机关首先要讲政治,通过讲政治贯彻《宪法》,使《宪法》在检察职权的运行中得以具体实施。第五,依宪检察也是《宪法》对检察工作的展开和检察职能运行的支持和保障。即便是在西方国家,如从美国的《1787 年宪法》到法国《法兰西共和国宪法》无不体现《宪法》至上的精神,《宪法》对检察职权运行具有方向和指导作用。

党的十八届四中全会提出"推进以审判为中心的诉讼制度改革",这是当前司法改革的核心和关键,检察机关是司法机关,随着检察机关内设机构改革、认罪认罚制度的落地、捕诉合一的落实以及公益诉讼新业务的开展,要为以审判为中心这个目标和任务而服务。[②] 理念是行动的先导[③],因此检察机关必须转变检察理念,肩负起刑事诉讼的主导责任,检察官在办理刑事案件时,应当以事实为根据,以法律为准绳,坚持罪刑法定原则,尊重和保障人权,既要追诉犯罪,也要保障无罪的人不受到刑事追诉。只有转变了检察理念,检察工作的方式才会创新,那么检察机关才有底气有担当更好地应对各种风险和挑战。

(二)完善以办案为中心与法律监督相统一

办案与监督之间是辩证统一的关系。"在办案中监督,在监督中办案",检察职能服务经济高质量发展和谋求自身的发展都不能脱离办案这个中心,最终检察职能的实现都要落实到办案中去。一方面通过办案履行法律监督的职能,保证每一起案件都经得住检验;另一方面把法律监督贯彻到办案的整个过程,除了检察机关内部的监督,也需要党委、人大、政协、社会对于检察机关的外部监督。以办案为中心与完善检察监督相统一是检察权运行的应有之义。

新时代检察机关应该以办案为中心,这是以人民为中心的发展理念所决定的。习近平总书记在中央全面依法治国工作会议上指出,推进全面依法治国,根本目的是依法保障人民权益。[④] 检察机关办案要提供反映公平正义的检察产品,提升办案质量和办案效率,让人民群众有获得感、幸福感、安全感。检察机关办案首先要明确法律监督的职能,在反贪反渎职务犯罪侦查等检察职能转隶后,检察职能要想发挥刚性,必须在法律监督

---

① 付子堂:《以人民为中心是习近平法治思想的根本立场》,载《中国司法》2021 年第 11 期。

② 参见李建明、许克军:《"以审判为中心"与"认罪认罚从宽"的冲突与协调》,载《江苏社会科学》2021 年第 1 期。

③ 参见姜洪:《重塑性变革中的检察理念》,载《检察日报》2020 年 5 月 6 日,第 1 版。

④ 付子堂:《以人民为中心是习近平法治思想的根本立场》,载《中国司法》2021 年第 11 期。

上下工夫。法律监督职能的发挥最关键的途径还是要回归到办案，只有通过办案才能让法律监督的职能有支撑点和着力点。新时期检察工作迎来了新的发展，检察机关要坚持习近平法治思想对检察工作的指导，转变检察工作理念，创新检察工作的方式，把检察权的运行落到实处，规范检察权的运行，尤其要更新法律监督理念。

以办案为中心要注意：第一，检察机关办案要注意办案的全面性，四大检察业务协调发展，做优刑事检察、做强民事检察、做实行政检察、做好公益诉讼检察。做好不同检察业务的交流融合，如涉及生态环境和资源保护、食品药品安全、国有财产保护等领域的违法犯罪与涉及其他领域的违法犯罪有关联时，那么就需要进行全面的审查，在提起刑事公诉时，根据案件的实际情况决定提起附带民事诉讼。第二，检察机关办案要发挥亲历性，亲历性的要求是要实际接触具体案件，根据案件的事实和证据作出判断。

随着司法体制的改革，检察官独立办案的地位凸显，在司法责任制下，"谁办案，谁负责"，因此检察人员在讯问犯罪嫌疑人、查阅书证、物证、视听资料、电子数据时要建立在亲历性的基础上，不能全凭书面的汇报材料作出判断。检察权运行要完善检察监督①，检察监督就是检察机关根据《宪法》和法律规定的职权和程序代表国家行使检察监督权维护法律统一适用，保护国家、社会、公民的合法权益，这是第一层含义。笔者认为还有第二层含义，检察监督也需要再监督，即"对监督的监督"。规范检察权运行，完善权力运行制约监督机制。办案是检察权运行，用权受监督，检察权也要在办案中受到制约和监督。

具体而言，检察机关在立案、侦查、起诉、审判、执行等办案的不同阶段发挥着法律监督职能。在立案阶段，如果侦查机关不立案，要求其说明不立案的理由；在审判阶段，检察机关可以提起抗诉。检察机关正好处于侦查机关和审判机关中间，向前可以制约侦查权、向后可以限制审判权的范围。在民事诉讼、行政诉讼、公益诉讼同样存在法律监督的职能，因为诉讼的核心就是案件办理。日本松尾浩也教授指出："检察权的行使属于每个检察官的权限，而不是作为检事总长、检事长的辅助机关行使权力。在这个意义上，可以说每一个检察官都是独任制的官厅。"②再者，检察机关是法律监督机关，监督法律的实施状况，肩负社会公益的责任，既然是权力行使的主体，用权受监督这也是根本要求。监督的方式就是对检察机关形成制约机制，这种机制既包括外部制约机制、也包括检察机关内部制约机制，优化内外机制从而把权力锁在制度的笼子里。

（三）优化检察专门化与队伍专业化相协调

检察专门化需要有专业化的检察队伍作为支撑，检察机关作为一个整体，上下级检察机关之间是领导和被领导的关系，各级检察机关之间是职能协助关系。③ 随着检察机

---

① 检察监督与法律监督是否具有同样的含义，学界还存在争议，笔者文中认为两者是同样的意思，所以采取的表述可能会出现检察监督。

② ［日］松尾浩也：《日本刑事诉讼法》，丁相顺译，中国人民大学出版社 2005 年版，第 30 页。

③ 秦宗文：《"检察机关刑事诉讼主导责任论"辨析》，载《法治现代化研究》2020 年第 3 期。

关内设机构改革落地，检察专门化趋势日趋凸显，既要把握好检察专门化这个趋势，积极推动检察专门化，也要迅速培养专业人才，发展专业化检察队伍，两者相协调，拓展检察权运行的方式。

笔者认为，检察职能应当结合当前司法改革的实际状况进行延伸，以人民法院为例，目前除了四级人民法院的设置之外，已经设置了跨行政区域的巡回法庭，并根据经济发展和社会生活变化结合审判需要设置了知识产权法院、互联网法院、金融法院以及海事法院等专门法院。那么，检察机关也应行动起来，建设专门检察院。据资料显示，2014 年 12 月北京市成立了北京市检察院第四分院作为首批跨行政区划检察院；2020 年 3 月重庆市人大常委会批准成立重庆市两江地区人民检察院负责跨区域行政公益诉讼案件。与法院专门化的速度相比，检察专门化的建设明显滞后。而且目前设置的跨区域行政的检察院①，在“区域”上的范围仅限在行政区划内，并没有在全国跨省级行政区划进行设置；在案件管辖范围上，仅限公益诉讼或者某几类诉讼类型。在尚未大规模设置专门法院之前，有军事法院、铁路运输法院与之对应的军事检察院、铁路运输检察院，那么现在随着知识产权法院、互联网法院、金融法院等专门法院的建设，检察机关建设专门检察院也将成为检察工作的重点②，尤其目前互联网犯罪、金融犯罪以及未成年人犯罪的频发，建设专门检察院可以进一步延伸检察监督的职能，解决当前经济社会最需要解决的问题与难点，把检察权的运行落到实处。

检察队伍专业化是检察专门化建设和完善人员的供给保障，强调人员管理理念专业化、人才培养模式专业化、教育培训机制专业化、司法办案能力专业化、组织架构体系专业化。专业化要求是新时代检察权行使的客观要求，最高人民检察院以内设机构改革为突破口，重新调整组建了十个检察业务机构，这一变动给检察队伍的管理和业务能力提出了新的要求，业务机构的优化设置仍然是一个不断深化的过程。那么，推进检察队伍专业化必须做到：一是突出员额检察官的主体地位，落实“谁办案谁负责、谁决定谁负责”的要求，在司法办案中锻炼能力、增强本领，提升专业水平。二是加强教育培训，以专业化为导向，建立与素质训练相适应的职业教育培训基地、课程教材体系、教师队伍建设。三是重视对检察队伍的考核和评价，要选拔政治素质过硬、业务能力强、有责任有担当的检察人员加强培养。尤其目前刑事、民事、行政、公益诉讼四大业务并举，更加要注重推进检察队伍专业化。

---

① 陈海锋：《跨行政区划检察组织体系研究》，载《华东政法大学学报》2017 年第 2 期。

② 目前，检察机关以公益诉讼为切入点，用法律监督来保护公共利益。但是大力推进与法院相匹配的专门检察院应当成为检察院下一步工作的重点，笔者建议检察机关应当重视起来。

企业合规

涉案小微企业合规路径探析

吴晓敏*

摘要:涉案企业合规试点对象包括所有企业,目前涉案企业小微企业占比较大。与大中型企业相比,小微企业治理结构普遍存在先天缺陷,较难建立起行之有效的合规管理体系。如何把握小微企业合规有效标准,探索契合小微企业实际的有效合规模式,防止出现"纸面合规"以确保合规整改的有效性,值得深入探索。结合检察办案实际,需从合规计划打造、合规监督考察过程等方面针对小微企业合规探寻适合其特点的路径。

关键词:小微企业　有效标准　路径选择

一、涉案小微企业合规现状

(一)小微企业界定及现状

小微企业,即小型微利企业,是指从事国家非限制和禁止行业,且同时符合年度应纳税所得额不超过300万元、从业人数不超过300人、资产总额不超过5000万元的企业。调查数据显示,中国企业类商事主体超过4100万家,但其中资金规模在5000万元以上的企业只有36.81万家,仅占企业总量的8.9‰。中国99%以上的企业均是营业规模在5000万元以下的中小企业。

根据工信部数据显示,截至2021年11月,我国市场主体已达1.5亿户,其中企业4600户,中小企业占99%,数量已经超过了4500万家,个体工商户数量超过1亿户。与此同时,这些中小企业和个体工商户贡献了全国50%以上的税收、60%以上的国内生产

---

* 吴晓敏,江苏省人民检察院第四检察部三级高级检察官。

总值、70%以上的技术创新成果和80%以上的劳动力就业。中小微企业在发展生产力、培植地方财源、扩大劳动就业、创造地区经济繁荣等方面发挥了重要作用。探索小微企业的有效合规标准,做实涉案企业合规整改有效性审查,对于推进合规改革具有重大的现实意义和普适价值。

(二)小微企业合规的特点

1. 合规风险相对集中。受制于企业自身经营范围、规模等因素,小微企业的合规风险一般相对集中。以J省为例,2020年办理的合规案件涉及罪名12个,其中近40%为虚开增值税专用发票案件。Z市自2018—2020年办理的涉企案件239件,共涉及14项罪名,主要集中于虚开增值税专用发票罪、重大责任事故罪、非法吸收公众存款罪,上述三类罪名占据案件总数的68.6%。说明企业在财税管理、安全生产、融资借贷等方面存在较多的刑事风险。

2. 合规激励效果有限。对本身符合相对不起诉条件的案件,合规的刑事激励效果有限。如虚开增值税专用发票案件中,犯罪嫌疑人、犯罪嫌疑单位偷逃税款数额50万元以下的,法定刑在3年以下。如嫌疑人认罪认罚、自首、退赔,案件本身可以作相对不起诉。对于企业、公司负责人而言,为何还要通过合规来获得不起诉的诉讼从宽利益?进行合规整改,给公司带来的直接效应体现在何处?这是企业作为市场主体不得不考虑的现实问题。如何激发企业合规积极性、降低合规成本,需要进一步探索。

3. 企业合规能力有限。关于合规意义,部分企业负责人尚未认识到位,对合规计划如何打造,合规体系如何建设了解度不够。且受制于经营规模、自身能力等因素,大多无力聘请专业律师团队来进行专门的合规建设,亦无力承担合规过程中发生的费用。对于这些企业,首要任务是生存。对于轻微的涉企刑事案件,当事人积极认罪悔罪、弥补损失,一定程度上修复了被破坏的社会关系,全程适用第三方机制是否“用力过猛”?需要适当地简化合规程序,增加合规的可操作性,实现效率公正并重。

二、小微企业合规困境分析

(一)关于小微企业是否适用合规不起诉制度尚不明确

实践中,企业合规整改后从宽处理的方式主要体现为相对不起诉。对于本身符合相对不起诉条件的案件,是否需要通过合规整改、评估验收合格之后才相对不起诉?是否将合规附加为相对不起诉的先决条件?但现行法律并没有针对企业、单位犯罪设置附条件不起诉制度。此时合规的必要性、正当性在哪里?由此引发对企业是否需要甄别类型、分级处置的探讨。

(二)关于是否适合第三方机制存在争议

最高人民检察院(以下简称最高检)等九部门《关于建立涉案企业合规第三方监督评估机制的指导意见(试行)》(以下简称《指导意见》)规定,第三方机制适用于公司、企业等市场主体在生产经营活动中涉及的经济犯罪、职务犯罪等案件。适用主体范围没有限定,是否符合基本条件的企业都可以启动合规考察程序?结合《指导意见》以及各地的规范性文件,检察机关将企业经营状况、社会贡献度作为启动合规程序的评价要素。相较于小微企业,大中型企业已构建了较为完整成熟的公司内控制度,在启用合规建设方面具有先天的优势。而大多数小微企业往往是家族式管理,老板一言堂现象普遍,合规整改往往流于形式。对小微企业能否适用合规不起诉制度及第三方监督考察机制,目前还存在争议。如陈瑞华教授认为,对于小微企业没有必要做完整合规,合规不起诉制度应尽量适用于大型企业,对中小微企业应当慎重适用。[①] 以安达信案件为例,检察机关起诉企业以后,半年企业破产,全球 85000 名员工失业,美国就有 26000 名员工失业,引发了水波效应。值得做合规的是那些有良好发展前景、规模体量大的企业,如美国适用的案例几乎都是大企业。"大、高、精、尖"公司,一般而言有完整的内部管理制度规范,有专门的法务部门,能提供合规的必要时间、人力、经费保障,是真正值得选择的样本。只有对重大犯罪的涉案企业才需要耗费大量的司法资源改变企业经营模式和商业模式,对其进行"去犯罪化"改造。

(三)合规有效性评价指标尚未确立

"评估任何机制的关键都在于看它是不是为了充分防止或发现员工的违法违规行为而精心设计的,企业的管理运行又是否在支持、遵循这种机制"。[②] 探索小微企业合规路径,前提是对"规"加以明确界定,从而为小微企业提供明确的操作指引,切实起到规范、引导和促进其合规管理体系建设、提升合规管理能力、识别和防范合规风险、建设合规文化的作用,但目前尚未形成统一标准。

(四)合规监督考察路径尚不清晰

目前涉案企业完整适用第三方机制的路径比较明确,一般通过调查评估、合规承诺、监督考察和处理决定四个环节进行。但结合小微企业自身特点,针对性探索符合实际的合规路径的开展还有待加强,实现"因企施救"是实操方面需要解决的重要问题。

三、小微企业有效合规的标准把握

(一)适用范围

小微企业作为国民经济的重要组成部分,应当纳入合规改革适用范围且应视情况适用完整的第三方机制。从合规的目的和意义而言,是为了保护企业健康发展,通过促进企业有效整改,达到持久经营的目的。小微企业对老板的人身依附性强,直接责任人和企业实际一体。企业老板一旦被追究责任,就相当于追究企业责任,对企业的影响巨大。

---

① 陈瑞华:《合规不起诉改革的八大争议问题》,载《中国法律评论》2021 年第 4 期。

② 邓若迅:《英国贿赂罪改革研究》,载《中国刑事法杂志》2012 年第 3 期。

因此，企业无论规模大小，即使是小微企业、一人公司符合条件的也可以适用合规机制。通过合规来促进企业内部加强管理、堵塞漏洞，保证企业生存并获得更多经营发展机会。

（二）合规有效标准的设置

2022 年 5 月 23 日，中国中小企业协会发布了《中小企业合规管理体系有效性评价》团体标准（以下简称《标准》），7 月 1 日正式实施。《标准》确立了中小企业合规管理体系有效性评价的总体原则和方法，制定了评价机制和评价指标，明确了合规管理体系有效性评价核心要素，为中小企业的合规管理体系提出了具有针对性的评价标准。此外，该《标准》分别针对中型企业、小型企业、微型企业的合规管理体系制定了不同的评价标准。结合该《标准》内容，笔者认为有效合规体系应当至少满足以下要求。

一是制订有效的专项合规计划。陈瑞华教授指出："一个有效的合规计划需要对合规风险作出及时有效的预防和监控，并在违规行为发生后采取适当的应对措施。"①司法机关在依法打击犯罪的同时，还需敏于发现案件背后的风险，促进企业合规，完善社会治理，做到"办理一案、治理一片"。笔者认为，应针对企业特有的合规风险点，考虑企业的实际需求，为其量身定制一套适当的合规管理体系，堵塞管理中的漏洞。

二是设立独立的合规管理机构。企业内部应设置独立的合规机构或者合规专员，并赋予其清晰明确的职责。与大型企业不同，中小微企业并不需要设置完整的包括合规管理委员会、合规部、合规团队等多层级合规组织。《涉案企业合规建设、评估和审查办法（试行）》（以下简称《办法》）第 7 条规定，涉案企业应当设置与企业类型、规模、业务范围、行业特点等相适应的合规管理机构或者管理人员。"要求仅 20 名员工的小微企业、七八个人的个体工商户设置完整的包括合规管理委员会、首席合规官、合规部的组织架构体系不现实也没有必要，但仍需设置专门的合规专员负责相应业务。可以根据企业规模和资金状况合理确定合规组织简化方式，但至少应当保证专人专岗负责合规体系建设。"②如张家港市 L 公司、张某甲等人污染环境案③，涉案公司在启动合规建设时，建立合规执行领导小组，以公司总经理张某甲为组长，行政主管陆某某及律师为副组长、各部门、各班组负责人为成员的合规执行领导小组。通过组织自学、培训、巡查以及签署承诺书、保密协议等方式落实各项合规制度，重点学习员工手册的规定，对外开展业务及交往中完善合规政策的落实。

三是根据案件具体情况针对性设置评价指标。《标准》从合规风险识别、应对、优化管理方面，对中型、小型、微型企业设置了各项指标，并细化为风险应对、日常监测、举报、报告机制、持续改进相关方面。具体规定包括具备给予合规评估、分级结果的应对措施，

---

① 陈瑞华：《企业合规基本理论》，法律出版社 2020 年版，第 111 页。

② 刘艳红：《做实涉案企业合规整改有效性审查》，载《检察日报》2022 年 8 月 1 日，第 3 版。

③ 《最高检发布企业合规改革试点典型案例 · 案例一：张家港市 L 公司、张某甲等人污染环境案》，载最高人民检察院官网，https://www.spp.gov.cn/xwfbh/dxal/202106/t20210603_520265.shtml。

具备专门人员或部门进行日常监测，确定特定人员负责举报信息的处理，有明确的合规报告人等。坚持过程评价与结果评价相结合、评价内容客观可证实、评价准则明确且评价方法一致。所以，小微企业应建立风险识别、应对等有效机制，形成工作闭环管理。有效的合规管理体系包括是否制订书面合规计划、合规章程、合规政策，流程方面是否建立预防体系、识别体系、应对体系。进行穿透式监管，将合规检查点嵌入具体业务流程之中，如生产、采购、销售、物流、财务、雇佣、投资等。针对突发事件、自然灾害等也可制订专门合规计划，并不折不扣地加以执行，确保合规计划中的各项指标落实落地。

四是形成合规文化。合规文化应是企业自上而下的认同，形成内在的价值理念并贯穿于员工言行之中，真正"内化于心、外化于形"。如西门子公司商业贿赂事件后，逐渐形成了一整套完整的合规体系，强调"西门子只做干净的业务"。关于塑造合规文化，公司、企业一把手首先要有合规意识，作出合规承诺，对公司合规负起主体责任。并将压力责任自上而下地传导到各个部门和环节，促进企业从"要我合规"到"我要合规"的转化。合规标语上墙固然是合规整改的体现，但不能仅仅停留在形式上，而应将依法依规经营理念贯彻到企业生产经营全过程。

四、小微企业有效合规的导向要求

"检察机关应当结合小微企业的自身特点，积极探索适合小微企业的合规模式，在保证合规计划制订、实施、验收评估等基本环节的同时，通过简化程序、降低合规成本，制定与大中型企业不同的监管标准等简式合规管理，激发小微企业做实合规的积极性。"①实现小微企业有效合规大致可以从以下几个方面着手。

（一）严格把握标准，简程序不简标准

积极探索小微企业合规简易程序，同时坚持实质合规标准，做到简程序但不简标准。确保企业合规整改的实质化，避免走过场式的"纸面合规"，维护司法公信力及法治尊严。如某市检察机关在办理的某假冒注册商标案件中，对涉案企业适用企业合规，考察期限两个月，督促涉案企业围绕商标规范使用进行合规建设。经第三方组织考察评估发现，涉案企业虽然已聘请了兼职合规顾问、开展了安全生产主题培训，但没有按照合规计划建立商标规范使用奖惩机制、不当行为举报机制，也没有开展防范商标侵权类知识培训，存在使用注册商标时添加新的图案标志、商标注册地未变更等级、生产活动记录不全、账目混乱等问题，最终认定合规考察结果为不合格。检察机关采纳了第三方组织的合规考察书面报告，认定涉案企业未通过合规考察，依法对相关责任人员提起公诉。对于整改不到位的是否一律提起公诉？笔者认为并非如此，具体情况应当分析，对于主观上动机

① 《涉案企业合规典型案例（第三批）·案例三：江苏 F 公司、严某某、王某某提供虚假证明文件案》，载最高人民检察院官网，https://www.spp.gov.cn/xwfbh/dxal/202208/t20220810_570419.shtml。

不纯、怠于合规整改、确无实际整改措施的，经评估不通过可以提起公诉。从而传递“纸面、粉饰合规无法过关”的价值导向，体现合规监督考察的实质性。但对于确实进行了一定整改，只是认识不到位、能力有限的企业，即使暂时没有达到评估验收标准，不宜一律认为不合格从而提起公诉。毕竟，合规的目的还是保企业，可以适当地延长考察期以观后效。

（二）设置较短的考察期，简化相应程序

《办法》第1条规定，针对未启动第三方机制的小微企业合规，可以由人民检察院对其提交的合规计划和整改报告进行审查，设置较短的考察期限。《江苏省检察机关办理涉企业合规案件工作规程》规定，合规考察期限一般不得少于3个月，对小微企业可视情缩短合规考察期限，但不得少于2个月。在此基础上，应合理把握监管期限，为合规整改提供必要的时间保障。同时不拘泥于时间和形式，遵循灵活、便利、有效原则，对于企业确实整改有效的，亦可适当缩减合规整改期限，确保企业发展平稳有序。

（三）注重专项整改，有效堵塞漏洞

对于小微企业，重在堵塞管理漏洞，制订专项合规计划。“企业合规的灵魂并不是大而全的合规管理体系，而在于针对企业的合规风险点确立专项合规计划”。[①]《办法》亦规定，涉案企业应当针对合规风险防控和合规管理机构履职的需要，通过制定合规管理规范、弥补监督管理漏洞等方式，建立健全合规管理的制度机制。小微企业的合规应针对重点风险领域、重点岗位人员打造专项合规计划，排查风险，完善机制，优化流程，提出应对举措，定期检查监督，真正发挥合规的作用。如中兴公司打造的“出口管制计划”“反商业贿赂合规计划”“数据保护合规计划”。

五、小微企业有效合规的路径选择

在小微企业合规路径选择方面，宜结合案件具体情况、企业类型、规模、涉罪风险复杂程度、监督考察的实际工作量等因素，坚持繁简分流，因地制宜确定合规监督考察模式，实现公正与效率的统一，实现“因企施救”。具体而言，可以根据企业的实际情况，探索以下合规路径。

（一）独立监管：第三方机制考察模式

对于涉案的风险领域复杂、合规监管工作要求高、监管工作量大的小微企业，可以采取独立的第三方监管模式。《〈关于建立涉案企业合规第三方监督评估机制的指导意见（试行）〉实施细则》第23条规定，第三方组织一般由3名至7名专业人员组成，针对小微企业的第三方组织也可以由2名专业人员组成。该实施细则第28条规定，第三方组织根据涉案企业情况和工作需要，应当要求涉案企业提交单项或者多项合规计划，对于小微

---

① 陈瑞华：《中兴公司的专项合规计划》，载《中国律师》2020年第2期。

企业可以视情简化。如张家港市人民检察院研发的智能管理平台,根据企业规模和具体合规领域随机抽取第三方监管人员,对于小微企业缩减为1—2人。如该院办理的顾某某虚开增值税专用发票案,涉案企业系小微企业,但考虑到该企业合规计划类型为财税合规,对财税专业程度要求较高,检察机关启动第三方监督考察程序,第三方小组由1名律师、1名会计师组成,考察期3个月。合规考察期间,该公司聘请律师制订财税风险领域合规计划并提交第三方小组审核。第三方小组针对合规计划提出修改完善的三条意见,并进行监督考察。经第三方小组现场验收评估,认为该公司已达到合规计划整改要求,可以通过验收。

(二)检行联合:检察机关会同行政部门共同监督考察

针对业务单一、风险较少、合规工作量不大的企业,可以采取"检行联合"模式,依托行政机关的专业性完成合规验收,体现监管模式的灵活性和时效性。如张家港市人民检察院办理的某个体经营部、季某某重大责任事故案,该经营部仅七八名员工,主要从事建筑材料、钢材销售、水泥稳定碎石加工、销售,经营业务较为单一。案件发生原因在于工人违反水稳机操作规定,在启动设备前未确认搅拌机料仓内无人且未进行打铃警示,在操作室内按下了水稳机电源操作按钮,导致进行清理作业的被害人卡入搅拌机内受伤,后经抢救无效死亡,季某某作为经营部负责人对事故负有管理责任。针对事故发生原因,该经营部对员工进行了安全培训,采取了一系列整改措施:对搅拌机加装了电动开关,为工人配备了对讲机、安全帽等设备,在操作室、主机周边加装视频监控设备,在操作室墙壁上张贴了水稳机操作流程。上述措施系针对已发事故而"量身定做"的改进举措,属于专项合规且行之有效。针对该经营部风险较为单一且已经进行有效整改的前提下,检察机关联合应急部门对该经营部安全生产合规整改情况进行监督考察。在听取企业负责人情况介绍、查看合规整改工作台账、实地督查生产车间设备、对2名员工进行问询谈话后,办案检察官联合应急管理部门执法人员制作了监督考察报告,认为企业合规整改有效,后对该经营部及季某某作出相对不起诉处理决定。

(三)检察主导:检察建议模式

对案情简单、风险点单一的小微企业,可通过制发检察建议等方式,督促企业进行相应整改,避免为了合规而合规。上海市金山区人民检察院结合本区企业经营实际,形成"范式—简式"两种合规模式。对涉案企业规模较小、合规问题明确、整改要求比较低的小微企业,通过向企业制发合规检察建议来提出整改方向,涉案企业可以不再另行提交企业合规计划,通过企业后续整改作出相应的检察处理决定。发出检察建议后,检察机关定期回访,如发现整改不到位的还可以提起公益诉讼,保证检察建议的有效性。如张家港市人民检察院办理的某化纤公司维保中心主任李某重大责任事故案,该院在依法作出不起诉决定后,当面向该公司送达检察建议并加强合规宣传,引起公司高度重视,提出了帮助排查刑事风险点的请求。后该院帮助该公司排查出19项刑事风险点,该公司制定了合规管理手册,健全完善相关制度 57 条。

(四)各方协同:“检察机关主导 + 企业自主选择 + 联合第三方调查评估”模式

该模式着重在于跟进检察建议的落实情况,检察机关可以委托第三方组织开展监督考察,考察结果作为检察处理决定的重要参考。如某货运公司、胡某某单位行贿案,行贿数额为 30 万元,胡某某经监委电话通知到案后,主动交代行贿事实,认罪态度较好。考虑到相关违法建筑已拆除、企业发展前景较好等因素,检察机关启动合规考察程序,向涉案企业送达了《合规风险告知书》《检察建议书》,为涉案企业开展合规建设指明方向。企业根据自身经营状况,自主选择进行全方位整改。后检察机关联合第三方监管小组对企业合规整改情况进行调查评估。经公开听证,依法对涉案企业和胡某某作出不起诉决定。

涉案企业合规刑行衔接研究

范　嘉　徐静超[*]

摘要：按照法定程序并经司法机关确认搭建和运行成功的涉案企业合规治理体系具有相应的法定性，合规成果可以在行政机关的监管活动中得以运用。统筹司法职能与行政职能优势的企业合规，是社会治理的应有之义。为实现对企业犯罪的源头治理、弥补自身专业力量和事后监管能力的不足，检察机关有必要在涉案企业合规试点中推进刑行衔接工作，从而为深层次的司法实践提供有力支撑。

关键词：涉案企业合规　刑行衔接　行政监管

新时代治理型司法语境下，涉案企业合规是顺应犯罪结构和刑罚目的变化，以强化刑事出罪功能提升国家治理现代化为目标开展的一项司法改革。合规作为一项制度，对于外部监督者（规制者、执法者、行业管理者、社会行动者）而言，是"组织采用的，防止违反法律和确保对外部权威的服从，由此采取步骤来发现违规的政策和控制系统"。[①] 企业犯罪中的行政犯特征决定了不法行为兼具行政违法性与刑事违法性，具有行政监管权的行政机关在企业犯罪治理中发挥着关键性作用。然而，在涉案企业合规试点背景下，行政机关并没有会同检察机关开展企业合规的法定义务，这就造成了行政机关在合规工作中的模糊定位和参与方式的不确定性，制约了其应有的优势作用。在涉案企业合规的试点实践中，检察机关可以从事前、事中、事后三个环节全面探索合规中的刑行衔接问题，着手解决行政机关如何参与涉案企业合规、检察机关在行政合规中如何发挥监督作用、公益诉讼的衔接纽带作用、不起诉与行政处罚衔接等实务问题。

---

* 范嘉，江苏省无锡市人民检察院第四检察部检察官助理；徐静超，江苏省无锡市惠山区人民检察院第二检察部主任。

① 陈瑞华、李玉华等主编：《企业合规与社会治理》，法律出版社 2021 年版，第 13 页。

一、涉案企业合规前的刑行衔接问题

在涉案企业合规开展前，检察机关可以通过受聘行政合规第三方监督人、前置介入时间、前移合规预防功能等方式开展刑行衔接。

（一）检察机关担任行政合规的第三方监督人

检察机关可以在行政调查期间受聘担任行政合规第三方监督人、指导行政机关制定相应合规验收标准。检察机关主导下的刑事合规，促进了企业治理结构的变革和检察机关预防犯罪角色重大变革。[①] 从某种意义上说，现阶段涉案企业合规试点工作使检察机关在企业预防犯罪和合规整改知识方面具有先发优势。在实现企业合规源头治理和提升企业合规治理效率的过程中，可以通过刑行衔接的“反向”思考，发挥先发优势，由检察机关受聘为行政合规期间的第三方监督人，将涉案企业合规标准前置于行政强制性合规。在无锡地区检察机关出台的多个刑行衔接联动机制中，就明确提出，对于行政机关准备作行政处罚决定的行政案件，检察机关应邀在行政调查阶段介入，共同开展行政合规调查评估工作；对确实可以启动行政合规的案件，两部门共同履行合规考察职责，对符合合规监督考察条件的，检察机关可以书面建议行政机关适用合规从宽制度。在Y市生态环境局办理的江苏J环保设备有限公司未依法办理环评手续违规开工案中，行政机关正式启动行政合规，委托当地检察机关作为合规监督人参与行政合规整改工作，并最终验收通过，取得合规建设良好成效。

（二）扩展合规考察期限

检察机关通过刑行联动、数据连通等方式可以将涉案企业合规时间前置到行政机关办案期间，根据域外的经验和做法，企业合规有效整改的考察期一般需要3年左右。而根据法律规定和试点工作的实践要求，检察机关只能依托办案时间设定合规整改考察期，即一般情况下不能突破1年。[②] 对于疑难复杂案件，由于前期行政机关移送司法机关存在时间差，检察机关没有充足的时间了解案件和企业的详细情况，这就为开展合规整改工作带来困难。为了解决涉案企业合规时效问题，增加合规考察监督期限，可以明确行政机关发现企业可能涉嫌犯罪后，向公安机关移送处理，并及时报检察机关备案，方便检察机关提前介入。同时，利用大数据平台，检察机关也可逆向向行政机关移送违法线索，并跟踪线索处理情况，同时在平台内接入行政机关和相关企业数据接口，进行企业体检并定向发出法律风险提示函。

（三）前置合规治理的预防功能

检察机关可以将涉案企业合规治理的预防功能前移到已受行政处罚的企业。涉案

---

① 参见陈瑞华、李玉华等主编：《企业合规与社会治理》，法律出版社2021年版，第240页。

② 参见谢鹏程主编：《合规不起诉研究》，中国检察出版社2021年版，第252页。

企业合规的基本内涵实际上是一种刑事犯罪风险企业内部防控机制。[①] 根据单位犯罪是行政犯的理论，检察机关将行政机关引入涉案企业合规工作，建立企业合规治理中心作为事前刑行衔接的载体，并与相关行政机关召开联席会议，会签合规联动意见，能够有效防控企业合规风险。检行联动机制，可以确定由工商联等团体、机关牵头，推荐、组织对已受行政处罚企业中层及高管人员进行行为规训和刑事司法政策宣教。"面向员工开展合规教育，这是合规文化的基础抓手之一。"[②]在此，涉案企业合规特有的企业内控和刑罚激励功能也促使受训企业作出实质回应：一是部分企业主动开展财务审计工作；二是部分企业开始着手建立规范的内控体系。涉案企业合规的积极预防功能由此得以在事前的行政违法环节中得到实化和固化。

二、涉案企业合规中的刑行衔接问题

在涉案企业合规开展中，检察机关可以会同行政机关建立合规监督小组、集中选任合规服务人、以公益诉讼为衔接纽带等方式强化事中刑行衔接。

（一）建立行政人员合规顾问监督机制

在现行合规监督中，通行的做法是"检察机关 + 涉案企业合规第三方监督人名录库专业人员"的二重监督模式，对此，可充分利用行政机关专业化能力，建立"第三方监督机制成员单位行政人员合规顾问监督"，推动涉案企业合规进行实质性监督考察。如在进行涉案企业合规刑事案件中，由税务、安全、环保等行政机关中具有专门知识的人组成合规顾问小组，辅助提供公司治理的专业化意见或指导。在 W 市 T 塑胶制品公司虚开增值税专用发票案中，由税务机关担任的合规顾问小组发挥了专业优势作用，对涉案企业财务体系和纳税管理进行的专项检查中，查实了涉案企业还应补缴企业所得税 50 余万元。行政机关的适时参与，提升了企业合规整改质效。

（二）利用行政监管权监督企业合规服务

检察机关可以借助司法局等行政机关的力量，进一步规范企业合规服务的律师业务。例如，通过制定小微企业合规办理操作指引等方式建立小微企业"集中选任"合规服务人的模式。即检察机关在办理同类型批量涉企犯罪案件中，对于规模较小、资金较弱的小微企业，在自愿申请的条件下，可以统一聘任由司法局推荐已过审核和议价的律师事务所担任合规服务人，协同企业建立有效的合规体系。同时，为了加强对合规服务人在企业合规中的管理，由司法局承担起合规服务人的选任、培训、考核、监督和管理工作。目前，在 W 市 L 区已经启动 1 批次 3 个虚开增值税专用发票的案件中，3 家涉案企业均提出申请，以每案不高于 5 万元的服务费选任统一的合规服务人。该模式不但为涉案企

---

① 参见陈瑞华、李玉华等主编：《企业合规与社会治理》，法律出版社 2021 年版，第 105 页。

② 姜先良：《企业合规与律师服务》，法律出版社 2021 年版，第 37 页。

业聘请了优质的合规服务人,同时还减轻了合规成本。

(三)公益诉讼的运用

检察机关可以运用公益诉讼作为衔接的结合点实现闭环监督和提前修复。在“预防为先、诉防结合、标本兼治”的目标上,企业合规和公益保护均是有效的切入点。与生态环境局、住房和城乡建设局等行政机关充分协调后,检察机关可以依托建立起来的多重效能企业合规环境保护实体警示教育等平台,采用“涉案企业合规+公益诉讼+行政机关监管环境修复”的模式,实现企业“治理”到环境修复的“链式”监督。在一些取证扎实、程序规范的环境污染类案件中,检察机关可以建议行政机关提前预判环境修复的各项要求,聘请第三方进行专业鉴定,督促企业在合规整改期间修复环境,并将修复环境的效果作为合规有效性的标准之一。如果在合规整改结束时能够完成环境修复的,检察机关还可以依法酌情考量免于提起公益诉讼。通过上述“一揽子”处置,既可以节约公益诉讼的司法资源,又使受到污染的环境提前获得修复。

三、涉案企业合规后的刑行衔接问题

在完成合规整改后,检察机关可以通过刑行衔接,将合规激励效果应用于从宽行政处罚和推动行业合规之上,并逐步探索再犯罪后合规证据材料认定机制。

(一)合规的激励效果

检察机关可以将涉案企业合规整改效果提供作为行政处罚从轻的激励依据。“真正有效的专项合规管理体系,应当是一种行政监管和刑事执法一体化的管理机制。”[①]实践中,涉案企业在相对不起诉后,一般将遭受较重的行政处罚。如一些虚开增值税专用发票、走私等案件中,为了逃避沉重的行政处罚,涉案责任人甚至出现关停涉案企业,主动要求检察机关对其起诉适用缓刑的情况。如何来确保企业合规的激励效果呢?以涉税案件为例,检察机关可以向税务机关制发检察意见书,由税务机关继续设定6个月至1年的考察期,持续对合规后不起诉的涉案企业和相对不起诉后开展合规的涉案企业进行合规行政监管,对持续合规有效的,建议从宽行政处罚。在L塑胶公司虚开增值税发票案[②]中,税务机关已对该企业事后合规监管了近4个月,其间不但免费为企业进行涉税管理培训,还指导企业搭建财务管理合规体系,弥补企业治理体系漏洞30余条。

(二)推动行业合规

检察机关可以依托行政机关等多方力量以个案合规推动行业合规。个案合规聚焦于企业内部治理,只能解决单个企业的合规问题,而行业合规治理则强调优化外部营商

① 谢鹏程主编:《合规不起诉研究》,中国检察出版社2021年版,第208页。

② 该案例为2021年12月27日江苏省人民检察院举行的“江苏省检察机关服务保障民营经济高质量发展新闻发布会”发布的案例。

环境,意义重大。检察机关可以积极与市场监督管理局、工商联以及行业协会等行政机关、社会团体沟通,开展行业合规探索。并可通过大数据等平台,分析行业犯罪风险,总结行业合规建设事项。对涉案企业合规个案考察验收合格后,检察机关也可以向相关行政主管机关、行业协会发出检察建议书,建议其对同类型企业开展检查,并参照涉案企业合规整改方案进行整改,最终实现推动行业合规之目的。

(三)合规证据的有效性问题

涉案企业合规结束后,企业持续运行合规的证据材料能否在法律上具有有效性呢?随着涉案企业合规试点工作的持续推进,在检察机关主导下建立合规体系并验收通过的企业也将增多,其合规有效性获得司法机关的肯定。在出现再次有员工涉及犯罪甚至企业涉嫌犯罪的情况下,如果企业能够持续坚持或者发展完善现有合规体系的,其为切割责任或者请求从宽处罚而出示的合规证据材料能否运用于后续的司法活动,是需要思考的一个现实问题。行政机关监管职能对企业具有连续性,且在行业领域具有专门知识和专业标准。相关行政机关能够对合规后涉案企业是否持续进行合规作出初步判断,对其所提供的合规证据材料是否有效提出建设性意见,这也将是之后开展刑行衔接工作研究的重点。

总之,刑行衔接的探索,为涉案企业合规的有效开展提供了诸多的便利条件。同时,涉案企业合规刑行衔接也能够为合规的有效性提供多重保障。"当检察官以公司为目标时,仅仅是表面上的合规,检察官就给予宽大处理,显得过于草率。"①如果有行政机关的加入,其专业化的知识、行政监管的权力以及互相监督的促进就能够有效防止合规"纸面化",为实质性合规的实现铺平道路。

四、涉案企业合规刑行衔接中其他问题的思考

当然,涉案企业合规刑行衔接在实践中还存在一些需要进一步思考的问题:

(一)关于刑行衔接中行政机关"事前合规"动力不足问题的思考

在企业犯罪案件发生之前,由行政机关从各自的监管领域出发推动企业建立专门化的合规体系,如税收合规体系、知识产权合规体系等,从源头上治理企业的违法违规问题,要比通过检察机关推动建立大合规管理体系更具有现实和专业意义。但目前行政机关合规动力不足,囿于人员、经费等,相应行政机关并未建立专门合规指引,且大多处于配合检察机关而非主动为之。对此,可以建议政府专门设立财政预算、通过适当专项拨款等方式确保经费保障,同时将行政机关合规情况纳入相应考核体系,发挥指挥棒作用,切实提升执行力,对于行政合规执行良好的行政机关给予激励体现。

---

① [美]布兰登·L. 加勒特:《美国检察官办理涉企案件的启示》,刘俊杰、王亦泽等译,法律出版社 2021 年版,第 325 页。

（二）关于刑行衔接中行政机关“减轻行政处罚”不畅问题的思考

实践中，涉案中小微企业在司法机关合规不起诉后仍普遍面临较高额的行政处罚。原因在于，在没有法律法规规定或有职权的上级机关明示下，行政机关无法就“减轻”行政处罚方面进行突破。一般而言，行政机关仅在职权范围内可对“从轻”行政处罚进行协商，而“从轻处罚”的激励效果往往较差。以实践中多发的虚开增值税专用发票为例，相对于检察机关主要通过不起诉来发挥合规激励的作用方式，在之后税务机关进行行政处罚时，即使认可合规效果而适用从轻处罚的最下限，其行政处罚金额仍不少。而对于减轻处罚，税务机关则明确要求需有上级有权机关或者相关行政法律法规的明确裁量依据为要件。对此，为了应对“减轻处罚”不畅的问题，建议行政机关自上而下推动“减轻”行政处罚裁量权或者采用立法的方式予以解决。

（三）关于行政合规监管存在地域管辖盲区问题的思考

行政机关的行政监管权一般具有属地性，某些监管权甚至还存在特殊性，如某项监管权由特殊部门管辖或者上级部门管辖等。以涉税案件为例，基于税务体系改革，涉及税务处罚的相关事宜由设区市税务局的稽查分局统一管理，而企业的日常税务行政监管由属地地方税务局管辖、跟进。如涉案企业位于W市A区，则由W市税务局某稽查局负责对涉案企业虚开增值税专用发票的行为进行行政处罚，而涉案企业的日常税务监管活动则由W市A区税务局负责。但在具体案件中，由于指定管辖等原因，该案件可能由W市B区检察院办理，与W市B区检察院建立涉案企业合规检税衔接机制的B区税务局，既没有权力在涉案合规整改结束后对该企业从宽行政处罚，也无法对该企业进行后续日常税务监管。上述行政监管地域盲区问题，尚待实践层面进一步探索研究。

检察实务

论犯罪结构变化下的基层检察机关轻罪治理

吴小强　姜海燕*

摘要：随着刑事犯罪结构的深刻转变，轻罪时代已然到来，刑事犯罪治理的策略也需要与时俱进。基层检察机关作为刑事司法的主力军，在轻罪时代的犯罪治理应该摒弃严打重刑思维，坚持宽严相济的刑事政策，审慎行使检察裁量权，完善优化相关配套机制，更加注重同步参与案件背后根源性问题漏洞治理，为经济社会发展提供更高质效的检察保障。

关键词：犯罪结构转变　基层检察　轻罪治理　优化完善

现阶段，我国刑事犯罪结构存在重大刑事犯罪、恶性刑事犯罪案件发案量持续下降，轻微刑事犯罪案件不断增多，轻罪案件发案量占比不断上升等明显变化。2021 年最高人民检察院工作报告显示，20 年间，我国重罪案件占比下降近 17 个百分点，与此同时，判处 3 年有期徒刑以下的刑事案件占比上升近 25 个百分点，从 2000 年的 53.9% 升至 2020 年的 77.4%。有学者指出，近年来八类严重暴力犯罪的犯罪率逐年下降和重刑率下降，轻微犯罪大幅度上升和轻刑率稳步提升，“双降”“双升”的出现标志着中国已经进入轻罪时代。① 但与犯罪结构发生剧烈变化的社会现实相比，检察机关的犯罪治理模式尚未完成跟进转型，就案办案的思想、机械司法的倾向仍旧不同程度地存在，制约着基层司法办案质效的提升。

---

* 吴小强，江苏省常州市经济开发区人民检察院党组书记、检察长；姜海燕，江苏省常州市经济开发区人民检察院检察官助理。

① 参见卢建平：《轻罪时代的犯罪治理方略》，载《政治与法律》2022 年第 1 期。

一、问题的提出：基层检察机关完善轻罪治理的现实需求

（一）刑事立法的轻缓趋势

从1979年《刑法》到1997年《刑法》，再到如今与1997年《刑法》相配套的11个刑法修正案，我国的刑事犯罪结构和刑罚体系经历了从“厉而不严”到“严而不厉”的现实转变。有学者发现，我国1997年《刑法》设立的轻罪占比约20%，从2006年的《刑法修正案（六）》到2020年的《刑法修正案（十一）》新增轻罪28个，现存轻罪105个，在最近10年来的刑法修正案中明显体现出了“轻罪化”趋向。[①] 刑法修正案增设的罪名以法定犯为主，多数增设罪名的法定刑较轻，属于轻罪范畴。这些新增加的轻罪涉及经济社会多个方面，折射出立法引导司法开展轻罪治理的积极态度。

（二）刑事司法的现实要求

当前我国轻罪案件已经占到司法实践中案件的绝大多数，特别是近几年危险驾驶、帮助信息网络犯罪活动案件激增，“构罪即捕”“构罪即诉”“一押到底”的传统办案模式已不能适应刑事犯罪结构变化与国家法治发展进程。2018年《刑事诉讼法》修改，认罪认罚从宽制度在立法层面正式予以确立，在刑事实体法体系确立的坦白、自首、立功等法定从轻、减轻处罚情节之外，在诉讼法层面创设了新的从宽处罚情节，从而在给予被追诉人获得更大的从宽处罚的机会的同时，也更多地赋予检察机关对轻罪轻缓化处理的权力。认罪认罚案件中，检察机关不再是单纯的追诉机关，需要客观公正地就定罪量刑问题作出预判和选择。[②] 由于轻罪案件的办理主要由基层检察机关开展，相关案件治理效果的实现主要集中于基层办案实践。

（三）附随效应的实践需要

一般而言，《刑法》规定中的轻罪主要是指可能被判处3年以下有期徒刑、管制、拘役、罚金的，并未将刑罚的附随效果考虑在内。但因我国只是确立了有限的未成年人犯罪记录封存制度，并未建立全面的前科消灭制度，因此，结合我国社会现实考察轻罪被追诉人的实际处境可知：即使有司法运行机制下针对轻罪量处的刑罚再轻，其实对被追诉人而言都较为严厉。虽然从刑事处罚力度上看，与法定刑为3年以上有期徒刑、无期徒刑甚至死刑的刑罚相比，法定刑为3年以下有期徒刑、拘役或管制、并处或单处罚金的处罚可谓轻缓，但由于刑事处罚对犯罪者的实际影响并不仅限于刑事诉讼层面，犯罪者不仅要承担因犯罪而遭受的“刑罚本身”，而且还要承担刑罚执行完毕后因“犯罪记录”附随效应导致的其他不利后果，如缓刑和假释资格被剥夺、量刑力度拔高、入罪门槛降低等。[③] 不仅如此，在中国轻微刑事犯罪的定罪量刑还可能包括许多非正式后果，诸如社会污名、

---

① 参见冀洋：《我国轻罪化社会治理模式的立法反思与批评》，载《东方法学》2021年第3期。

② 参见吴宏耀、丰怡凯：《以检察机关为主导的刑事诉讼分流机制优化路径》，载《人民检察》2022年第12期。

③ 参见徐岱、王沛然：《中国轻罪治理体系规范检视与路径选择》，载《社会科学战线》2022年第10期。

求职成功率降低、吊销执照或许可证、丧失退休金等福利资格、丧失工作机会以及其他因监禁造成的影响和重新融入社会的困难,甚至还会对部分直系亲属与配偶产生影响。因此,在前科消灭制度缺位的情况下,无论是轻罪还是重罪,都处于"只能产生"而"不能消灭"的状态,以及在刑罚之外还要无限期遭受实质影响的窘况,此时触犯轻罪的被追诉人一旦被定罪,即使是因为轻罪被定罪,事实上对被追诉人而言影响仍然极其严重。[①] 在这种情况下,基层司法机关如果仍旧延续"就案办案"的工作惯性,易出现"案结事不了"的不良情况。

二、轻罪治理:对犯罪结构变化的积极应对

中国特色社会主义进入新时代,人民群众对法治提出了更高的需求和要求,但与人民群众的需求相比,现阶段检察机关提供的法治产品和检察产品无论从数量上还是质量上都有所不足。而"随着我国刑事犯罪态势的变化,检察机关作为国家法律监督机关,其参与社会治理能力与国家治理能力之间的关系越发密切,检察机关对于轻罪案件的办理质效直接影响着社会治理成效"。[②]

(一)加强轻罪治理是刑事诉讼体制改革的必然选择

习近平指出,"要深化诉讼制度改革,推进案件繁简分流、轻重分离、快慢分道……"[③] 我国传统的刑事诉讼活动实行"侦查中心主义",存在"案卷中心主义"倾向,强调在卷证据形式上的相互印证,尤其注重围绕口供构筑证据体系,导致后续的审查起诉和审判活动成了对案卷记载事实特别是犯罪嫌疑人供述的确认活动,庭审形式化严重。而在基层刑事司法实践中,侦查机关为了保持犯罪嫌疑人供述的一贯性和稳定性,防止串供,往往倾向于采用羁押措施确保口供不发生变化,即使是涉嫌轻罪的犯罪嫌疑人,也倾向于采用刑事拘留、提请逮捕、刑拘直诉等方式限制犯罪嫌疑人的自由,由此导致侦查羁押措施的泛化。检察机关在刑事诉讼过程中坚持轻罪治理,贯彻落实宽严相济刑事政策,审慎适用羁押措施,可以形成监督制约,扭转"口供为王"的侦查导向和思维惯性,倒逼公安机关规范侦查活动,引导公安机关树立"以审判为中心"的理念,用审判的标准收集证据,减少瑕疵,避免违法,减少审前羁押,为公正司法奠定基础。

(二)加强轻罪治理是顺应时代发展的必由之路

长期以来,我国司法机关注重打击恶性犯罪,保护人民群众生命财产安全,在重罪治理方面形成了较大制度优势,积累了丰富的实践经验,取得了良好的社会效能,社会治安状况明显好转,人民群众安全感不断增强。进入 21 世纪后,我国经济结构发生较大转

---

① 参见段陆平:《健全我国轻罪诉讼制度体系:实践背景与理论路径》,载《中国刑事法杂志》2021 年第 2 期。

② 简洁、马震:《从"治罪"到"治理"》,载《检察日报》2022 年 4 月 12 日,第 5 版。

③ 《习近平出席中央政法工作会议并发表重要讲话》,载中华人民共和国中央人民政府网,https://www.gov.cn/xinwen/2019-01/16/content_5358414.htm。

变，社会长期稳定，犯罪结构也随之转变呈现出轻罪为主的态势，对刑事司法提出了新的要求。面对刑事犯罪的结构性变化，轻罪治理成为国家治理体系和治理能力现代化水平的新考验。为适应社会发展现实，我国适时提出了宽严相济刑事政策，推进构建社会主义和谐社会，以此回应时代变迁。在这一时期，刑事司法资源逐渐由重罪向轻罪领域倾斜，司法机关通过刑事司法实践在“宽”上进一步下功夫，逐步形成了具有中国特色的现代化轻罪刑事司法政策。孟德斯鸠曾说：“刑罚可以防止一般邪恶的许多后果，但是刑罚不能铲除邪恶本身。”如果司法机关就案办案，机械司法，只求结案了事，忽视发掘犯罪的深层次原因和共性问题，而非标本兼治，将难以完成新时代赋予司法机关的历史使命，可能会导致矛盾的积累和再次爆发。刑罚是最严厉的打击措施，刑罚处罚的对象即犯罪往往反映出一定的社会问题。尤其是在基层司法实践中，多发性的犯罪基本上都是轻罪，但是却屡打不止，出现“层出不穷”的现象，反映出普遍性、深层次的社会症结，因此小案背后往往有很深的社会问题根源和较大的社会治理需求。“检察机关作为法律监督机关，要以为大局服务、为人民司法的政治担当深化能动司法检察工作，找准犯罪发生的‘病灶’，从根子上助力化解社会矛盾，努力用较小的刑罚成本争取更好的犯罪治理效果，维护国家政治安全，确保社会大局稳定，促进社会公平正义，保障人民安居乐业。”①

（三）加强轻罪治理是实现检察自觉的必然要求

司法具有终局性特征，是国家维护社会公平正义的最后一道防线，因此司法天然具有解决社会矛盾，实现社会治理的功能。因此，检察机关努力让人民群众在每一个司法案件中感受到公平正义，是刑事司法实践和案件办理的应有之义。不仅如此，检察机关通过立足司法实践，积极履行国家赋予的法律监督职能，主动担当作为，参与社会治理，让人民群众切实感受到公平正义就在身边，由个案的“小治”促国家的“大治”，更是创新开展轻罪治理实践对检察机关的更高要求。② 因此，检察官不应仅是片面追求打击犯罪的追诉人，而且应是公正司法、公平正义的守护人，具体而言，检察官在刑事诉讼中既要保护被告免于法官擅断，又要保护其免于警察恣意。而检察机关在刑事办案的同时开展轻罪治理活动，有利于维护公民合法权益促进诉源治理，确保刑事诉讼始终在法治的轨道上运行，真正做到国家检察官密切注意公民的安全。检察官执行职务，公民则获得安宁，③对于保障公民权利，维护法治权威，建设法治国家都有不容忽视的作用。

---

① 万春：《宽严相济刑事政策创新发展的检察实践》，载《中国刑事法杂志》2022 年第 4 期。

② 参见万春：《宽严相济刑事政策创新发展的检察实践》，载《中国刑事法杂志》2022 年第 4 期。

③ 参见[法]孟德斯鸠：《论法的精神》（上册），张雁深译，商务印书馆 1961 年版，第 82 页。

三、基层检察机关强化轻罪治理的路径选择

(一)更新办案理念,同步参与社会治理

首先,树立轻罪治理理念。从当前刑事司法实践来看,绝大部分的轻罪案件犯罪嫌疑人均没有再犯的可能性,刑事诉讼活动仅仅是他们漫漫人生路上的一段短暂的经历,但却是最难忘的,也是和警察、检察官、法官、律师接触最密切的一次,直接影响着他们对这些法律职业群体的评价,甚至也决定着他们对中国法治的态度和信念。因此,在刑事司法实践过程中,不能简单地就案办案、机械司法,单纯地将犯罪嫌疑人、被告人视为刑事诉讼打击惩罚的对象,而需要以教育挽救改造为立足点和出发点,更好实现司法引导作用。针对轻微犯罪案件,检察机关不能延续此前"重打击,轻治理"的传统检察思维和司法观念,而应当以积极参与社会治理、完善轻罪治理为导向,立足当前司法实践和社会治理中存在的问题,积极探索新时代轻罪治理的检察理论和实践。

其次,传递轻罪治理理念。逮捕是刑事诉讼中最严厉的强制措施,逮捕后将较长时间地剥夺公民的人身自由。如果逮捕措施适用不当,或者滥用逮捕措施,则会对犯罪嫌疑人、被告人的基本人权造成严重侵害。同理,轻微犯罪的定罪量刑有时不仅不利于犯罪人的改造和社会关系的修复,反而会导致"交叉感染",进一步激化社会矛盾。作为轻罪治理工作的践行者和主导者,检察机关负有将该工作同相关理念传导给公安机关和法院的责任。因此,检察机关可以采用联席会议、同堂培训等方式向外传递轻罪治理工作理念,积极促成公、检、法三机关就轻罪治理工作达成共识并积极践行。[①]

最后,形成职能融合治理理念。基层司法实践表明轻罪案件都是发生在群众身边的"小案",但是却涉及矛盾化解、诉源治理等方方面面的问题,仅仅依靠刑事手段打击,难以起到标本兼治的效果。基层检察机关在办理案件过程中,应当充分发挥民事检察、行政检察、公益诉讼与刑事检察的协同作用,通过检察建议的方式积极参与社会治理,以案促改、以案促治,通过轻罪治理同步解决刑事问题和治理问题,堵塞管理漏洞。

(二)优化检察机制,审慎行使裁量权

一是完善羁押必要性审查机制。根据《人民检察院刑事诉讼规则》规定,结合以往羁押必要性审查的经验,进一步完善审查介入、受理、调查、监督等工作流程和实施细则,通过顶层设计规范指导羁押必要性审查制度运作的各个阶段,实现案件化办理和"有规可循"。轻罪案件的被追诉人往往社会危险性不大,逮捕和羁押的必要性、迫切性下降,应当成为轻缓化处理的重点。由于轻罪案件的社会危险性并不能完全通过罪责条件进行证明,因此侦查机关在报捕时需要收集并移送独立的社会危险性证据,而检察官进行羁押必要性审查时,也应将轻罪案件作为审查重点,对认罪认罚、真诚悔罪,并积极赔偿被害人损失而取得谅解的被追诉人,因其没有特别大的人身危险性和社会危害性,没有审

---

① 参见吴宏耀:《大家谈:新时代检察基础理论的重点问题》,载《国家检察官学院学报》2021 年第 1 期。

前羁押的必要,可在审查后根据实际情况建议侦查机关或者法院变更羁押强制措施。[①]

二是健全审查起诉裁量机制。依据《刑事诉讼法》第177条第2款的规定,对于犯罪情节轻微的轻罪案件,如果检察机关根据案件实际情况和具体情节认为不需要判处犯罪人刑罚或者可以免除犯罪人刑罚的,人民检察院可以依法作出不起诉决定,由此终结刑事诉讼程序。上述规定中"犯罪情节轻微"的规定可以理解为轻罪案件的实质内涵,检察机关因此可以针对具体案件事实行使不起诉权,对被追诉人作相对不起诉处理。但在当前的刑事司法实践中,检察机关的不起诉权仍然存在不敢用、不愿用、不会用以及不当适用的现象。[②] 为此,检察机关应通过积极审慎合法合规行使包括起诉裁量权和量刑建议权在内的检察司法裁量权,以实现对轻罪案件入罪范围和刑罚幅度的双重限制,[③]为检察机关开展轻罪案件社会治理留下空间。

三是探索轻罪前科封存消灭制度。我国法律仅在《刑事诉讼法》中规定了未成年人的犯罪记录封存制度。但随着我国犯罪结构的巨大变化以及社会现实导致的刑罚"附随效应",现有的犯罪前科制度开始暴露轻罪附随后果"不轻"的问题。已经有部分人大代表呼吁推动建立轻罪前科消灭制度。基于我国的社会观念和社会现实,笔者认为,可以考虑参照未成年人犯罪记录封存制度,对被判处3年以下有期徒刑的被告人的犯罪记录予以封存并严格限制查询程序条件。但实施的犯罪属于危害国家安全犯罪、恐怖活动犯罪、黑社会组织犯罪等危害性较大的犯罪,或者犯罪嫌疑人系累犯、毒品再犯,人身危险性高的除外。同时,如果被追诉人在轻罪犯罪记录封存之后又犯罪的,原封存记录自动解封。

(三)完善配套要求,提升司法办案质效

第一,完善刑罚执行制度。与定罪制度相配套,轻罪案件在刑罚配置和刑罚执行方面也应该与一般刑事犯罪进行区别。"在刑罚的宣告与执行上,对实施了轻微违法犯罪的犯罪人更应当凸显刑罚的教育、纠正和预防功能,最大限度地限制徒刑与生俱来的弊端如刑罚执行成本高、容易交叉感染等,增加缓刑的适用率,适当放宽假释的条件,充分发挥禁止令和社区矫正制度的优势。"[④]基层检察机关作为刑罚执行的法律监督机关,应当深入贯彻落实《社区矫正法》,积极参与社区矫正工作,推动缓刑、假释人员的非罪化转化,促使其早日回归社会。

第二,调整工作绩效考核机制。根据笔者考察,基层司法实务部门开展工作时,十分重视系统内部发布的绩效考核标准,经常根据上级发布的绩效考核标准制定本级的绩效

① 参见韩旭:《轻罪治理与司法路径选择》,载《检察日报》2022年11月2日,第3版。

② 参见童建明:《论不起诉权的合理适用》,载《中国刑事法杂志》2019年第4期。

③ 参见徐岱、王沛然:《中国轻罪治理体系规范检视与路径选择》,载《社会科学战线》2022年第10期。

④ 王振华:《新时代轻罪治理的观念转变与路径选择》,载《石河子大学学报(哲学社会科学版)》2019年第5期。

考核标准，继而根据上述绩效考核标准明确重点、布置任务、开展工作。因为绩效考核制度具有奖惩功能，与办案人员的切身利益息息相关，因此对于考核标准标记为加分的内容，办案人员往往趋之若鹜，积极落实；对于考核标准没有提及的内容或者与加分无关的内容，办案人员则兴趣阙如，热情大减。对此，检察机关需要在完善社会治理、矛盾化解、风险排查工作机制以及相关配套机制的基础上，进一步完善业绩考核机制，充分运用绩效考核“指挥棒”的引领作用，建立重视办案质量、效率、效果的综合评价考核体系，引导检察官更新刑事司法理念、深挖犯罪根源、积极化解矛盾，开展轻罪治理，切实解决犯罪现象背后的深层次问题。

第三，完善案件评查机制。确保检察机关轻罪治理工作质效，取得广泛认可是深入开展治理的前提。如果检察机关的处理决定系错误作出，不仅会对案件本身产生负面影响，也会阻碍轻罪治理活动的进一步开展。因此，检察机关必须充分强化案件评查监督机制，通过内部评查、交叉互查、提级评查、异地评查等多种方式监督评查检察人员司法办案的合法性、合理性和正当性，如果发现案件处理决定错误，应当及时撤销，消除或减轻各种不利影响，并将相关案件进行通报，防止再犯。

（四）加快能力建设，提高办案工作本领

一是需要加大提前介入力度。检察机关工作人员必须摒弃过去满足于书面审查、就案办案、机械司法、结案了事的习惯，充分利用侦查监督与协作配合机制提供的便利条件，加大轻微刑事犯罪案件实质性提前介入力度，实现轻罪案件办理关口前移，根据侦查的进度督促实时同步开展矛盾化解、赔偿谅解、民间纠纷调处等工作，明确区分民事违法与刑事犯罪的界限，实现轻罪案件捕前、诉前分流，节约司法资源，降低案件后续处理难度。

二是需要加强释法说理能力。检察机关在轻罪治理过程中，可能会对犯罪情节轻微的案件行使不批准逮捕权和相对不起诉权，由此可能导致案件被害人和侦查人员的不理解，甚至会产生一定的抵触情绪，要化解案件被害人和侦查人员的抵触情绪，获得案件各方参与者支持和理解，最好的办法莫过于强化检察机关法律文书的释法说理工作，即在不批准逮捕决定书、相对不起诉决定书、不批准逮捕理由说明书、相对不起诉理由说明书等法律文书中详细释明检察机关作出不批准逮捕、相对不起诉的事理、法理、情理和道理，加强论证，充实论据，进一步增强法律文书的说服力，提高检察机关作出决定的可接受度。同时，检察机关可以采用公开听证的方式，邀请人民监督员、侦查人员、案件当事人等各方参与案件听证，共同就检察机关的处理意见发表看法、交换意见，检察机关也可以当场及时就各方关心的问题给予答复，通过“面对面”直接交流、直观感受的方式展现检察机关的工作态度，获取各方支持。

三是需要提高探索创新能力。检察机关应根据轻罪治理工作的开展情况，定期总结经验教训，选择相关典型案例进行汇编推广，并组织全体检察人员学习，通过典型案例的示范效应，推动轻罪治理工作的规模效应，应加强“数字检察”“智慧检察”建设，利用大数据分析、人工智能等先进科学技术排查发掘轻罪案件类案背后的社会问题线索，就此开展调查研究，积极参与社会治理，堵塞社会管理漏洞，实现检察司法办案和轻罪治理的智能化和科技化，切实提升司法办案工作质效和治理效能。

“轮奸”共犯关系脱离的认定及情节适用

胡浩然　尚晓晓　张　涛*

摘要:“二人以上轮奸”部分共犯人中途离开,应当判断离开者是否脱离出共犯关系,判断标准采缓和的因果关系遮断说更为妥当,因轮奸规定法定刑过重且带有情绪立法的因素,具体判断时应趋向宽缓。轮奸规定性质上属于加重构成,存在未完成形态。轮奸既遂标准宜采“二人以上奸入说”,仅一人以下奸入的全体构成轮奸未遂,奸入者构成强奸既遂与轮奸未遂的想象竞合;二人以上奸入的,全体构成轮奸既遂。

关键词:轮奸　共犯关系脱离　加重构成　既遂标准　量刑规则

“轮奸”作为加重处罚的情形之一,可能判处10年以上有期徒刑、无期徒刑或死刑,因而“轮奸”情节的认定与否,直接涉及行为人的重大人身自由甚至生死。理论和实务中对于轮奸的法定刑升格规定开展了丰富的探讨,目前在轮奸属于共同犯罪、一般应当具备轮奸的意识联络、须有二名以上男性共同正犯、违法连带责任自负等方面达成共识,①但围绕轮奸既遂、未遂和轮奸情节的适用等方面仍存在重大分歧。如下案例可见一斑。

一、基本案情及问题的提出

(一)基本案情

2019年1月13日晚,张某、李某、卞某某与被害人陆某某在酒吧喝酒结束后,李某、卞某某离去。张某将醉酒的陆某某带至酒吧北面河边,趁被害人醉酒之机实施奸淫行为并得逞。后张某将被害人带至酒店房间,李某、卞某某知悉后到达酒店,在张某安抚好被害人情绪并脱光被害人衣服后,轮流进入房间对被害人实施抠摸、性器官接触等奸淫行

* 胡浩然,江苏省宿迁市人民检察院法律政策研究室主任;尚晓晓,江苏省宿迁市人民检察院第七检察部副主任,江苏省沭阳县人民检察院第一检察部副主任(挂职);张涛,江苏省宿迁市人民检察院组织人事处副处长。

① 参见付立庆:《论轮奸的限制性认定》,载《法学》2020年第4期。

为,因被害人反抗及醉酒呕吐二人均未得逞。卞某某告知张某、李某后离开酒店,张某、李某继续留在酒店房间内,李某再次实施奸淫行为并得逞。被害人在酒店的整个期间内,张某未再次实施奸淫行为。

(二)问题的提出

该案行为人实施的值得刑法评价的行为,按事件发展主要可以分为三个阶段:A. 张某在河边的奸淫行为;B. 卞某某、李某在酒店房间内奸淫未遂行为;C. 卞某某离开后李某的奸淫行为。从因果共犯论的立场,本案中 B、C 阶段卞某某、李某与张某 A 阶段的不法事实不存在因果关系,不应将该不法事实归属于二人;李某亲手参与 B、C 阶段的奸淫行为,应当对 B、C 阶段不法事实承担罪责;因张某奸淫既遂后将醉酒的被害人带至酒店,安抚被害人情绪并脱光其衣服,与 B、C 阶段不法事实存在物理的、心理的因果关系,B、C 阶段的不法事实应当归属于张某。但围绕上述行为事实,尚存在如下主要争议问题值得深入探讨:一是共犯人承担罪责的范围问题,重点是卞某某在 B 阶段离开后是否应当对 C 阶段不法事实承担罪责;二是轮奸情节的适用问题,包括轮奸规定的性质,轮奸的既遂、未遂问题。

二、关于罪责范围问题

卞某某 B 阶段与李某轮流奸淫未得逞,告知其余共犯后离开酒店,是否应当对后续 C 阶段李某奸淫得逞的不法事实承担责任成为问题。申言之,共犯人中一人停止共犯行为后,由其他共犯人继续实行犯罪从而导致既遂结果时,该停止共犯行为者是否对正犯结果承担责任?理论上,此即为共犯关系的脱离问题。① 但认为 B、C 两阶段系基于不同犯意的两个独立行为的观点同样也非常有力——为表述方便将该观点称为"二行为说",因此在讨论卞某某是否脱离共犯关系时首先应当对该观点予以回应。

(一)对"二行为说"的回应

二行为说认为,C 阶段的奸淫行为相对于 B 阶段行为,是基于新的共谋实施的独立行为。言外之意,即 C 阶段李某、张某"形成了不同于当初共谋的新共谋或者犯意,并基于新共谋或者犯意实施了行为,就不能再认为是基于当初的共谋所形成的相互利用、相互补充的关系实现了最终结果,因而当初的共谋不及于该行为与结果,不能将最终结果归责于未参与新的共谋或者犯意者"。② 但该两阶段行为侵害的法益、对象、发生的空间具有同一性,动机、目的具有共同性,时间具有接续性,理应回答的关键问题是"如何才可以说是新的犯罪决意?"③然而二行为说回避了这一问题,直接认定属于另起犯意的行为,

① 参见[日]西田典之:《共犯理论的展开》,江溯、李世阳译,中国法制出版社 2017 年版,第 286 页;张明楷:《刑法学》(第 6 版),法律出版社 2021 年版,第 605 页。

② 王昭武:《论共谋的射程》,载《中外法学》2013 年第 1 期。

③ [日]西田典之:《共犯理论的展开》,江溯、李世阳译,中国法制出版社 2017 年版,第 37 页。

论证上并不充分因而难言妥当。

不可否认,B、C 两阶段行为从自然意义的角度来看,的确可以认定为两个行为。可能正是基于经验观察的视角,二行为说认为既然 B、C 两阶段自然意义上是两个行为,而 C 阶段的行为表面观察是由剩余共犯人以默示的形式共谋实施,因为参与实施犯罪行为的共犯人不同,理所应当是在新的共谋支配下实施的行为,因而 B、C 两阶段是两个独立的行为。不难发现"二行为说"以自然意义的两个独立的行为为论证起点,犯了循环论证的错误。那么如何判断是否为基于"新的共谋"支配下形成新的共犯关系实施的行为呢?这正是共犯关系脱离理论所要解决的问题。具体而言,"退出者一旦被认定为脱离了共犯关系,从脱离者的角度而言属于脱离共犯关系,从剩余共犯的角度而言则属于形成新的共犯关系"①。而所谓形成了新的共犯关系,意味着"剩余共犯者行为引起的不法事实并不包含于当初的共谋射程之内,因而最终结果并非基于原初的共同意思支配下的共同行为所引发"②,而是"脱离者退出后,剩余共犯者成立了新的犯意",③在新的共同犯意支配下由新的共同行为所引发。换言之,认定共犯是否脱离出共犯关系,与认定剩余共犯行为是不是基于新的犯意支配下新的共犯关系的再生,是一个问题的不同侧面,或者"倒不如说后者(共犯消解)是前者(共犯脱离)的效果"④。就本案而言,如果认定卞某某脱离出共犯关系,则卞某某对李某 C 阶段奸淫得逞的行为不承担罪责。反之,卞某某由于对 C 阶段不法事实具备因果力,应当承当奸淫既遂的责任。

如甲与乙对丙施加暴行,但在丙不再抵抗后,甲说了句"我回去了"就离开了,此后丙又站起来反抗,留在现场的乙再次对丙施加暴行,导致丙死亡。日本最高裁判所认为,因为在甲离开时并未采取措施消除乙对丙实施暴力的危险,甲乙之间的共犯关系在甲离开后并未消解,将乙的第二暴行认定为是基于之前的共谋是妥当的,甲仍应对第二暴行导致的死亡结果承担罪责。⑤ 也就是说,在前后两行为侵害法益、对象、行为样态、动机、目的、空间具有共同性、时间具有接续性时,应当判断共犯退出者退出前的行为之于退出后剩余共犯者行为结果的关系。

(二)卞某某脱离共犯关系的认定

作为共犯的处罚根据,因果共犯论逐渐受到重视。⑥ 受因果共犯论的影响,对于脱离者脱离出共犯关系的判断基准,因果关系切断说占通说地位。⑦ 当脱离者通过自己的退出行为,切断了自己对于剩余共犯所导致结果的心理的、物理的因果关系,就应当肯定脱

---

① 王昭武:《共谋射程理论与共犯关系脱离的认定——兼与刘艳红教授商榷》,载《法律科学》2016 年第 1 期。
② 王昭武:《共谋射程理论与共犯关系脱离的认定——兼与刘艳红教授商榷》,载《法律科学》2016 年第 1 期。
③ [日]大谷实:《刑法讲义总论》(新版第 4 版),成文堂 2012 年版,第 470 页。
④ 姚培培:《论共犯脱离基准:因果关系切断说的重构》,载《清华法学》2020 年第 2 期。
⑤ 参见[日]西田典之:《共犯理论的展开》,江溯、李世阳译,中国法制出版社 2017 年版,第 37 页。
⑥ 参见[日]山口厚:《从新判例看刑法》(第 3 版),付立庆等译,中国人民大学出版社 2019 年版,第 85 页。
⑦ 参见周光权:《刑法总论》,中国人民大学出版社 2016 年版,第 358 页。

离出共犯关系。本案中,卞某某告知剩余共犯人从酒店离开的行为,应当认定为脱离出共犯关系,不对C阶段的不法事实承担罪责。

其一,卞某某离开的行为切断了与C阶段不法事实的物理因果关系。本案中,张某将醉酒被害人带至酒店房间并脱光其衣服,致使被害人处于被奸淫的现实危险境地,应当说主要由张某促成。卞某某对于该危险境地并未显著贡献物理因果力,其物理的因果力在于B阶段亲手实施奸淫行为,应当认为自卞某某离开酒店的时间点开始,其对于后续奸淫既遂结果切断了物理的因果力。

其二,卞某某告知其余共犯人并离开的行为,可以规范地评价为切断了心理的因果力。B阶段虽然共犯者未明示共谋轮奸,但各共犯人以自身的行为默示达成了轮奸共谋,即对共犯结果产生了心理的因果力。而心理的作用力一旦形成具有相当的稳定性,“要消除业已产生的心理的因果性的效力几乎不可能”①。但对于因果性(包括心理的)遮断的判断,并非意味着因果性为零,②而是要进行“规范的评价,判断脱离者的脱离行为对于剩余共犯心理的因果性影响,是否减弱到了不必对结果归责的程度”③。这就缓和了因果关系切断的标准,将事实判断转化为规范判断,将存在与否的判断转换为程度判断。④ 也就是说,重视在条件关系这一事实因果关系基础上的相当因果关系的判断,⑤其不可避免地带有价值判断的色彩,核心问题是判断“脱离者从自身立场出发,是否实施了可期待的通常足以消除所造成危险的措施”⑥。

本案中,应当认为卞某某切断了其与C阶段不法事实的心理的因果关系。首先,对“轮奸”情节的适用应当持限缩立场。立法确立对轮奸加重处罚缺乏深入论证基础,在“严打”背景下出台,加重处罚客观依据不足而伦理色彩和情绪立法的意味浓厚。⑦ 在轮奸情节的适用上应当持限缩认定的立场,所谓限缩认定,不仅意味着对是否构成轮奸的限缩认定,还意味着在确定构成轮奸情节的前提下,对轮奸共犯人的脱离的判断应当宽缓认定。其次,各共犯人之间在张某创设的适宜的犯罪机会下,以默示形式形成轮奸的共谋,共谋合意本身“脆弱”,相对于默示的轮奸共谋合意,毋宁说适宜的犯罪时空条件是激发轮奸犯意的主因。当卞某某告知剩余共犯人离开的意思并实施离开的行为,脱离者对于最终危害后果的贡献度一般而言较小,但作为心理的因果力无法测明,因而需要进行价值判断。最后,对于无法测明的心理的因果力的大小,从对轮奸情节限制适用的立

---

① [日]松宫孝明:《刑法总论讲义》(第4版),成文堂2009年版,第316页。

② 参见[日]井田良:《刑法总论的理论构造》,秦一禾译,中国政法大学出版社2021年版,第348页。

③ [日]前田雅英:《刑法总论讲义》,曾文科译,北京大学出版社2017年版,第324页。

④ 参见尚晓晓:《共犯关系脱离之认定》,西南政法大学2012年硕士学位论文,第31页。

⑤ 参见姚培培:《论共犯脱离基准:因果关系切断说的重构》,载《清华法学》2020年第2期。

⑥ 塩見淳:《共犯关系的脱离》,载《法学教室》第387号(2012年),第94页以下。转引自尚晓晓:《共犯关系脱离之认定》,西南政法大学2017年硕士学位论文,第43页。

⑦ 参见付立庆:《刑法总论》,法律出版社2020年版,第322页。

场出发,“根据‘存疑有利被告原则’,对于共犯关系的脱离保持谦抑是妥当的,换言之,由于脱离行为导致在此之前的参与行为与此后剩余的共犯者制造的结果之间的因果性存在疑问时,就不能强调心理性因果关系残存可能性,而应该肯定因果关系的切断”。①

综上所述,卞某某应当对其实施的 B 阶段的不法事实承担罪责,对于 C 阶段的不法事实,因其脱离出共犯关系,形成共犯关系消解的法律效果,卞某某对此不负罪责。

三、关于轮奸情节的适用

卞某某由于脱离出共犯关系,仅对 B 阶段合谋轮流奸淫未得逞的行为负责。李某应对 B、C 两阶段不法事实负责,单纯从李某的视角 B、C 两阶段“被害法益、行为样态、行为对象、事件发生的空间具有同一性、时间上具有接续性”,②应当作为一体的行为进行评价,B 阶段的不法事实被 C 阶段吸收,B 阶段未遂的奸淫应当作为量刑的考量情节。于是基于卞某某的视角二人轮流奸淫均未得逞,基于李某的视角二人轮流奸淫仅一人奸入,简言之,总体上二人轮奸仅一人奸入。当对卞某某、李某行为定性分析时,必然面临如下争议问题:一是轮奸规定是否适用,其本质上是轮奸规定的性质问题;二是轮奸的既遂标准问题。

(一)轮奸规定的性质

二人轮奸均未得逞或仅一人得逞,是否适用升格法定刑,取决于轮奸法定刑升格规定的性质,理论上主要存在传统说、量刑情节与区分说三种观点。传统说基本将法定刑升格条件与加重构成同等使用,二者具有相同的内涵与外延,③认为结果加重、数额加重、情节加重及其他加重情节均为“加重构成”,学理上存在未完成形态;④量刑情节说则认为加重情节只是一种量刑情节,属于法定刑升格的条件,它决定着法定刑幅度的选择,仅具有具备与否问题,不涉及犯罪的停止形态问题,犯罪的既未遂取决于基本犯的既未遂;⑤“区分说”以张明楷教授为代表,认为法定刑升格条件可以区分为加重构成与量刑规则,其中因行为类型发生变化而增加违法性,导致法定刑加重的情节为加重构成,其余单纯因数额、次数等作为法定刑升格条件的情节为量刑规则,加重构成存在既未遂状态,量刑规则只有具备与否的问题。⑥ 不难看出,区分说带有折中的表象,将法定刑升格条件以表

① [日]西田典之:《共犯理论的展开》,江溯、李世阳译,中国法制出版社 2017 年版,第 7 页。

② [日]高桥则夫:《刑法总论》,李世阳译,中国政法大学出版社 2020 年版,第 63 页。

③ 参见张明楷:《加重构成与量刑规则的区分》,载《清华法学》2011 年第 1 期。

④ 参见王彦强:《区分加重构成与量刑规则》,载《现代法学》2013 年第 3 期;王志祥:《从既遂标准的层次性理论看加重犯的既遂问题》,载《法律科学》2011 年第 5 期;周光权、卢宇蓉:《犯罪加重构成基本问题研究》,载《法律科学(西北政法大学学报)》2001 年第 5 期。

⑤ 参见《犯罪停止形态中基本犯与加重犯的关系》,载《中国刑事法杂志》2009 年第 1 期。

⑥ 参见张明楷:《加重构成与量刑规则的区分》,载《清华法学》2011 年第 5 期;王彦强:《区分加重构成与量刑规则》,载《现代法学》2013 年第 3 期。

明行为类型变化的因素作为分类标准,“进行加重构成与量刑规则的二元区分,具有分类上的合理性”①。

目前尚难言上述三种观点何者占据主流,在本案所涉轮奸规定的性质上,有观点认为轮奸情节属于量刑情节(规则),主张轮奸没有独立罪名,不具有未完成形态,应当根据基本犯的停止形态确定犯罪形态,根据轮奸情节具备与否选择法定刑,②该观点在司法实务中不乏适用。③ 区分说虽然认为轮奸情节的性质存在争议,但主张轮奸情节并非单纯的量刑规则而是加重构成。④ 就此而言,区分说与加重构成说具有结论上的一致性,均主张轮奸情节属于加重构成,具有相应的未完成形态。在处罚上,应当根据轮奸的停止形态,再适用轮奸的法定刑幅度,同时适用总则关于未完成形态的处罚规定。⑤ 从处罚的角度而言,一定条件下主张轮奸规定性质上属于量刑情节(规则),构成强奸未遂适用轮奸情节法定刑,与上述主张轮奸属于加重构成的处罚后果,在实质法律后果上难言区别。但在轮奸情节适用、轮奸既遂标准、轮奸共同犯罪等问题上,二者存在明显差异,加重构成说更具有合理性。

首先,轮奸行为具备构成要件的本质特征。构成要件就是刑法所规定的违法行为类型或定型,⑥具有违法行为类型特征的因素就是构成要件要素。⑦ 轮奸是二人以上轮流实施奸淫行为,相对于强奸基本犯由于奸淫行为类型发生变化,导致违法性的升高,轮奸法定刑升格条件因而属于加重的犯罪构成。事实上,持轮奸量刑规则说的学者也不否认“轮奸情节实质上规定了加重构成,但由于轮奸并非独立罪名,不具有独立犯罪构成而只能视为量刑规则”。⑧ 这一观点与我国刑法学界长期以来以罪名作为讨论平台的现象有关,但以罪名作为讨论平台存在内在缺陷,刑法出于精简的需要大量采用一类犯罪构成分配一个罪名的方法,因而研习刑法问题的基本单位应当是“一个犯罪构成”而非“一个罪名”。⑨ 应当区分罪名与犯罪构成,罪名只是对刑法相应条文的概括,其既可以复杂也可以简约,⑩ 强奸罪条款将基本构成要件与派生的构成要件规定于一个条文中,共用一个罪名。当行为既符合基本的构成要件,又具有加重因素而符合派生的构成要件时,属

---

① 柏浪涛:《加重构成与量刑规则的区分——兼与张明楷教授商榷》,载《法律科学(西北政法大学学报)》2016年第6期。

② 参见郭旨龙:《“轮奸”条款之再解读——基于特殊案件的研究》,载《研究生法学》2012年第1期。

③ 本案二审判决(2020)苏13刑终138号在否定检察机关认为“一审判决认定卞某某及原审被告人张某构成轮奸未遂,属适用法律错误的抗诉意见”的基础上,认为“一审法院并没有认定三人构成轮奸未遂,而是认定有轮奸情节,但强奸未遂”。事实上,是将轮奸情节认定为量刑规则(情节)。

④ 参见张明楷:《刑法学》,法律出版社2017年版,第875页。

⑤ 参见张明楷:《刑法学》,法律出版社2017年版,第875页。

⑥ 参见[日]大谷实:《刑法总论》(新版第2版),黎宏译,中国人民大学出版社2009年版,第97页。

⑦ 参见张明楷:《犯罪论的基本问题》,法律出版社2020年版,第39页。

⑧ 郭旨龙:《“轮奸”条款之再解读——基于特殊案件的研究》,载《研究生法学》2012年第1期。

⑨ 参见丁胜明:《以罪名为讨论平台的反思与纠正》,载《法学研究》2020年第3期。

⑩ 参见王志祥:《从既遂标准的层次性理论看加重犯的既遂问题》,载《法律科学》2011年第5期。

于法规竞合，只能按照特殊的构成要件处罚行为人。[①] 罪名的独立与否，不能成为否定轮奸规定属于加重构成的理由。

其次，主张轮奸属于加重构成是在构成要件范围内讨论未完成形态问题，能够贯彻责任主义的要求，齐备了轮奸构成要件的构成既遂，反之则为未完成形态。主张轮奸属于量刑规则，则是在构成要件之外，将加重因素视为客观加重处罚的条件，[②]存在难以克服的缺陷：其一，"加重处罚条件"与"加重构成"的区别即在于前者是纯粹客观的东西，后者则是主客观的统一。根据责任主义的要求，行为人应当对轮奸行为有主观认识，[③]认为轮奸规定属于客观的加重处罚条件，难言贯彻了这一要求。其二，轮奸加重处罚条件具备与否的判断标准选择成为难题。关于轮奸之"奸淫"的含义具有多义性，既可以理解为"插入"的结果，也可以理解为实施奸淫的行为的过程，如果理解为后者，则二人以上轮流"插入"的结果及结果发生前的过程都可以理解为"轮奸"。[④] 也就是说，轮奸的共谋、轮奸预备、轮奸行为着手、一人奸淫得逞、二人以上奸淫得逞等均具有成为轮奸情节成立条件可能。虽然本案判决并未论及轮奸情节成立条件，根据判决中认定 B 阶段"卞某某、李某、张某构成轮奸"的表述，可以推测该案二审法院极有可能是以轮奸行为着手作为轮奸情节成立条件，也存在以轮奸意图、预备作为成立条件的可能。其三，容易不当扩张法官自由裁量权，增加司法裁判的不确定性。如前文所述，量刑情节说认为加重犯是"基本犯 + 加重情节（或结果）"的结合，基本犯决定停止形态、轮奸情节成立标准决定法定刑升格条件，二者彼此独立、互不影响。既然轮奸情节的成立条件存在多种选择，轮奸情节的适用与否就取决于法官的自由裁量。换言之，涉轮奸案件法定刑的选择有赖于法官主观价值立场，类案异判、罪刑失衡等影响司法公正和司法权威的现象难免成为常态。

轮奸量刑情节说难以合理解决共犯问题。轮奸必然涉及共同犯罪，轮奸量刑情节说将加重因素与基本犯置于并列地位，二者相互独立、互不影响，意味着在轮奸案件中，轮奸情节具备与否仅决定法定刑升格条件，共同犯罪问题完全取决于强奸基本犯的共犯原则。这一处理方式，无视轮奸行为的特殊性，可能造成诸如二人轮奸一人奸入的情形，只能根据强奸基本犯的共犯规则，对于未奸入者也认定轮奸既遂等问题，[⑤]有失公允，难以获得法官认同。

总之，"二人以上轮奸"法定刑升格条件的性质应当是加重构成，存在未完成形态。本案中卞某某、李某二人轮奸仅一人奸入，属于轮奸的未完成形态问题，应当适用轮奸规定。随之而来的问题是，二人行为的犯罪停止形态如何认定？其本质上为轮奸的既遂标

---

① 参见[德]乌尔斯・金德霍伊泽尔：《刑法总论教科书》，蔡贵生译，北京大学出版社 2015 年版，第 63 页。

② 参见周光权、卢宇蓉：《犯罪加重构成基本问题研究》，载《法律科学》2001 年第 5 期。

③ 有主观认识并非意味着有意识联络，理论上一般肯定片面轮奸。

④ 参见林贵文：《"轮奸"成立学说的法教义学批判与证成》，载《法律科学》2019 年第 6 期。

⑤ 不同的轮奸情节成立标准会得出不同结论，此处以轮奸行为实施作为轮奸情节成立标准。

准问题。

(二)轮奸的既遂标准

本案中,B阶段二人均未奸入,卞某某由于脱离出共犯关系,仅对B阶段不法事实负责,应当认定为轮奸未遂。但对于C阶段李某奸入的行为构成轮奸既遂还是轮奸未遂颇具争议,本案虽然介入了共犯关系的脱离,根本上仍属于"二人以上轮奸部分未奸入"情形下轮奸停止形态的争议问题。对此,关于轮奸既遂的标准,在轮奸加重构成说内部存在几种不同主张。

第一种主张为"二人以上奸入标准说",该主张认为轮奸属于共同正犯类型,以二人以上奸入为标准,只要有二人以上奸入则其余未奸入的参与者也为轮奸既遂;仅一人奸入或均未奸入时,所有参与者构成轮奸未遂。① 另有观点虽然肯定了"二人以上奸入标准说",但认为仅有一人奸入或均未奸入时,由于轮奸是被害人客观上遭受轮流奸淫的结果,既然轮流奸淫的结果未发生,则全案不应当认定为"轮奸"。② 第二种主张为"一人以上奸入标准说",认为二人以上共谋轮奸,只要有一人奸入,根据共同正犯"部分实行全部责任"的原则,其余未奸入者应当对奸入者的行为及结果负责,未奸入者也应当认定为轮奸既遂。③ 第三种主张为"二人以上亲手奸入说",认为轮奸是共同正犯,应当引入亲手犯理论作为"部分实行全部责任"的例外以限制共同正犯的成立,即认为强奸是亲手犯,必须由行为人直接对被害人实施,当二人以上奸入时构成轮奸既遂,未奸入者构成轮奸未遂,仅一人以下奸入时由于未出现轮奸结果而不构成轮奸。④ 第四种主张为"一人以上亲手奸入说",该说肯定强奸是亲手犯、轮奸是强奸的共同正犯,认为轮奸的停止形态应个别判断,二人以上持奸淫目的,奸入者成立轮奸既遂,未奸入者成立轮奸未遂。⑤

以上四种主张均认为轮奸是共同正犯类型,将轮奸类型化为共同正犯行为,意味着排斥教唆犯、帮助犯等的成立。⑥ 认为轮奸为共同正犯类型的观点根源于1979年《刑法》关于轮奸的规定,⑦但根据现行《刑法》的规定,仍然将轮奸"限定为共同正犯类型的强奸缺乏文理依据",⑧且事实上存在轮奸的教唆犯、帮助犯却不能认定轮奸共犯,明显不妥当。应当认为轮奸加重构成是以共同正犯参与类型为典型模式,并不排斥共犯的成立,正如刑法分则关于单独犯的规定是正犯的规定,⑨刑法总则关于共犯的规定是对刑法分

① 参见张明楷:《刑法学》,法律出版社2021年版,第1141页。

② 参见陈洪兵:《"二人以上轮奸"的认定》,载《海南大学学报(人文社科版)》2012年第6期。

③ 参见周光权:《刑法各论》,中国人民大学出版社2016年版,第36页;王志祥:《共同实施强奸仅一人得逞,应如何定性》,载《中国检察官》2008年第9期。

④ 参见付立庆:《论轮奸的限制性认定》,载《法学》2020年第4期。

⑤ 参见陈兴良:《规范刑法学》,中国人民大学出版社2017年版,第803页。

⑥ 参见刘国平:《轮奸认定中的三个误区》,载《河南财经政法大学学报》2019年第5期。

⑦ 1997年《刑法》第139条第4款规定,二人以上犯强奸罪而共同轮奸的,从重处罚。

⑧ 参见张明楷:《刑法学》,法律出版社2017年版,第874页。

⑨ 参见张明楷:《刑法学》,法律出版社2017年版,第389页。

则进行补充。同样,刑法分则关于轮奸加重构成的规定是关于对轮奸最低限度的要求或言典型模式的规定,应从“轮奸至少要求有两名行为人基于合意实施了奸淫行为”[①]这一角度来理解,而并非意味着轮奸加重构成这一规定排斥共犯的成立,刑法总则中关于共犯的规定是在具备轮奸共同正犯的基础上,对轮奸规定的补充。事实上,持第三种主张者虽然认为轮奸是共同正犯类型,但并不排斥单纯教唆、帮助犯成立轮奸共犯。[②] “二人以上奸入标准说”中的第二种观点,认为一人以下奸入时因“轮奸结果未发生”而否认适用轮奸情节,是对轮奸加重构成性质的公然冲突,二人以上合意轮奸虽未发生被害人被轮奸的结果,但有发生侵害轮奸所保护法益紧迫危险的场合,是轮奸停止形态问题而非是否成立问题。换言之,与单独犯一样,犯罪未得逞但有发生法益侵害紧迫危险的场合,构成相应犯罪的特殊形态,二人以上基于轮奸犯意实施行为,未齐备构成要件的应当构成相应停止形态,而非不成立轮奸。“一人以上既遂标准说”形式上贯彻了共同正犯“部分实行全部责任原则”,但没有认识到刑法分则的轮奸规定与强奸基本犯构成要件不同,继而既遂标准存在差异。以强奸基本犯的既遂为中心再根据共犯理论认定轮奸既遂,实质上仍然是以强奸基本犯为既遂标准,根源上混淆了强奸基本犯既遂标准与轮奸既遂标准。轮奸规定如单独犯规定一样,本身即以既遂为模式或言固有其既遂模式,因而该说难言贯彻了罪刑法定原则。且未发生轮流奸淫客观事实,就不能构成轮奸既遂,[③]否则明显罪刑失衡。

第三种、第四种主张基本是在第一种(其中第二种观点)、第二种主张的基础之上,引入亲手犯理论意图限缩正犯范围,以限制、调节轮奸加重法定刑的适用。但亲手犯理论自身存在重大争议,又叠加第一种(其中第二种观点)、第二种观点自身存在的问题,无异于“试图在共犯理论这一‘黑暗之章’的荒芜地带开辟新道路,要得出令人满意的结论恐怕并不具有期待可能性”[④]。其一,学界虽然多数观点承认亲手犯的存在,但也强调亲手犯极为有限,[⑤]甚至明确否定强奸是亲手犯。[⑥] 其二,即便引入亲手犯理论作为共同正犯“部分实行全部责任”的例外,至多只能限制未奸入者不成立共同正犯,难以得出轮奸既遂与未遂并存的结论。由于共同正犯是犯罪人之间相互协作实施,各行为人对结果的发生均具有因果性,当行为人的正犯性被否定而因果性未切断时,仍有成立狭义共犯的可能。[⑦] 主张轮奸是亲手犯而要求亲历性,未奸入者正犯性被否定,但仍至少对轮奸结果有心理的或物理的因果力,具有成立轮奸狭义共犯的可能。

---

① 刘国平:《轮奸认定中的三个误区》,载《河南财经政法大学学报》2019 年第 5 期。

② 付立庆:《论轮奸的限制性认定》,载《法学》2020 年第 4 期。

③ 参见张明楷:《侵犯人身罪与侵犯财产罪》,北京大学出版社 2021 年版,第 93 页。

④ 张天一:《论“己手犯”》,载《月旦法学教室》2003 年第 9 期。

⑤ 参见张明楷:《刑法学》,法律出版社 2021 年版,第 532 页。

⑥ 参见[日]西田典之:《刑法总论讲义》,曾文科译,北京大学出版社 2017 年版,第 73 页。

⑦ 参见[日]西田典之:《共犯理论的展开》,江溯、李世阳译,中国法制出版社 2017 年版,第 31 – 32 页。

第一种主张中的第一种观点具有合理性。首先,"二人以上奸入标准说"是刑法文义的当然解释。众所周知,刑法分则条文规定的犯罪构成以既遂为模式,[①]既然轮奸是加重构成,则"二人以上轮奸"的条文规定同样以既遂为模式。文义角度,"二人以上轮奸"之主体要求"二人以上"限定了该行为模式必须由二人以上实施;"轮"是依照次序一个接一个地做,本身包含"不同主体"的意味;"奸"则是"奸淫",通说认为"奸淫"既遂的标准为"插入说"。"二人以上轮奸"明确了其既遂标准为"至少两名不同主体先后实现了插入"。其次,"二人以上奸入标准说"符合罪刑法定要求。众所周知,刑法分则条文以单独犯既遂为典型模式,"二人以上共同故意犯罪"由刑法总则规定,对分则具有指导补充调整功能,但"典型模式"并非强调"唯一"。一般而言,刑法总则与刑法分则的关系,刑法总则是关于犯罪与刑罚的一般规定,分则是特殊、具体规定,总则对于分则具有指导和补充作用,但并非一一对应关系,分则也可能在总则之外另设例外规定。总则虽然对共同犯罪专章作了规定,但刑法分则既有对共同犯罪的例外规定,也有对共同犯罪的注意规定,[②]如帮助计算机信息系统犯罪等犯罪作为共犯的正犯化问题讨论、聚众类犯罪的只对特定对象处罚、重婚、侵犯公民个人信息等仅处罚一方等,都是对共同犯罪的例外规定。同理,一般而言,刑法分则规定单独正犯,总则规定共同正犯,但并非意味着分则不能例外地规定共同正犯。关于"二人以上轮奸"的规定,应当也属于刑法分则对刑法总则的例外规定,其特殊性体现在刑法分则规定的是单独犯的既遂模式,而轮奸规定的是以二人共同正犯为最低限度的既遂模式。这就意味着,其一,"二人以上奸入"为轮奸既遂标准;其二,轮奸规定并非共同正犯类型,只是在"在最低限度上进行的界定,即认为轮奸的成立至少需要两名行为人实施了强奸的共同正犯行为",[③]因而并不排斥共犯的成立;其三,"二人以上奸入标准说"更符合社会一般人"法感"。在判断某项裁判是否"正当"时,首先可能诉诸的认识根据就是法感,[④]"轮奸"始终是争议较大的论题,甚至有学者认为"轮奸的规定应该删除",[⑤]其根本原因在于难以界定轮奸加重处罚根据,更深层次则是轮奸法益侵害不明。事实上,学者之所以引入亲手犯理论,也正是因为亲手犯理论限制正犯成立范围的理由之一在于"犯罪所侵害的法益不明,所以要防止正犯的成立范围受到不当扩张"[⑥]。对于一个无法在教义学上作出圆满合理解释的法益,在短期内不能通过立法修正处理的前提下,刑法作为裁判规范诉诸法感以求得裁判的妥当不失为一个合理路径。显然,以"二人以上奸入"作为轮奸既遂的标准,更符合社会一般人朴素的正义情感。

---

① 参见张明楷:《刑法学》,法律出版社 2021 年版,第 344 页。

② 参见张明楷:《刑法分则的解释原理》,中国人民大学出版社 2011 年版,第 148 页。

③ 刘国平:《轮奸认定中的三个误区》,载《河南财经政法大学学报》2019 年第 5 期。

④ 参见[德]卡尔·拉伦茨:《法学方法论》,黄家镇译,商务印书馆 2020 年版,第 164 页。

⑤ 林东茂:《一个知识论上的刑法学思考》,中国人民大学出版社 2009 年版,第 93 页;刘明祥:《轮奸涉及的若干争议问题剖析》,载《政治与法律》2022 年第 6 期。

⑥ 张天一:《论"己手犯"》,载《月旦法学教室》2003 年第 9 期。

综上，本案中卞某某在 C 阶段脱离出共犯关系，轮奸性质上为加重构成存在未遂状态，应当以二人以上奸入为既遂标准。基于以上论证，A 阶段不法事实应当仅归责于张某。B 阶段张某、卞某某、李某构成轮奸共犯共同对不法事实负责。C 阶段卞某某脱离出共犯关系，张某、李某构成共同犯罪对该阶段不法事实负责。B、C 阶段具有主体、对象、动机、法益等的同一性、时间的接续性，相对张某、李某而言属于“一连的行为”或“一体的行为”，应当作为一个行为评价。本案中卞某某仅对 B 阶段事实负责，卞某某、李某实施轮奸行为均未奸入构成强奸（轮奸）未遂；李某 C 阶段行为与 B 阶段行为属于“一体的行为”，整体而言，B、C 两阶段二人实施轮奸仅张某一人在 C 阶段奸入，应当构成轮奸未遂，属于轮奸未遂与强奸既遂的竞合；张某 A 阶段实施奸淫行为并既遂，B、C 阶段继续帮助他人实施轮奸行为，在 C 阶段张某奸淫既遂，相对张某而言有二人奸入，张某应当对二人以上轮流奸淫既遂的不法事实负责，构成强奸（轮奸）既遂。

电信网络犯罪中银行卡流水数额定性问题

张红梅　袁　帅*

摘要:2020 年 10 月 10 日,国务院召开会议,决定为斩断电信诈骗、网络赌博(跨境)等上下游犯罪链条,全国范围内开展"断卡"行动,对其上下游关联犯罪实行全方位打击,"断卡"犯罪中涉及最多的罪名是掩饰隐瞒犯罪和帮信犯罪,实践中上述两类案件办理的难点又在于犯罪数额的认定,而犯罪数额的认定又影响到量刑及违法所得的认定,甚至是退还被害人数额的认定。但大量的案件存在银行卡流水数额和最终认定的犯罪数额相差巨大,有的甚至会相差上百倍。应当对转账数额性质进行有效界分,正确认定掩饰隐瞒犯罪和帮信犯罪的,降低司法实践操作困难。同时,对于转账数额和查证属实的犯罪数额相差巨大的,以掩饰、隐瞒犯罪所得罪、帮助信息网络犯罪活动罪进行综合评价,实现罪责刑相适应。

关键词:断卡行动　掩饰隐瞒犯罪　帮信犯罪　银行卡流水数额

一、问题缘起

由于上游犯罪分子的反侦查能力不断增强,诈骗团伙又多在境外,电信网络诈骗犯罪专业化、产业化程度越来越高,犯罪团伙内部分工越来越细,与上游黑灰产和下游洗钱的团伙勾结更加紧密,伪装规避打击的水平越来越高。电信网络犯罪分子收购多张银行卡进行多层级转账,将多个犯罪行为获得的赃款混同到一起又分别转入下一级账户,多的甚至有七到八级账户,而由于人民币是种类物,无法区分钱的主人,因此从第一级银行卡查到最后一级,查到的被骗金额往往很小,而大量的银行流水通过倒查也难以查到确切的被害人。导致通过信息流、资金流追踪到具体的掩饰隐瞒犯罪人或者倒查到确定的被害人的难度越来越大。实践中,往往到二级账户时,研判和取证难度的攀升,公安机关

* 张红梅,江苏省东海县人民检察院党组成员、副检察长;袁帅,江苏省东海县人民检察院检察官助理。

打处积极性随之降低。

案例一:刘某某掩饰隐瞒犯罪所得案

2021 年,刘某某为了谋取不正当利益,主动通过“飞机群”联系上线,向上线提供了自己及借用、收购的 14 张银行卡,并约定以银行卡流水的千分之五作为好处费。刘某某的主要行为是提供了银行卡,并且在银行卡达到限额的时候,帮助取现,然后转移至指定账号,经查刘某共取现 2 次,取现数额 4 万元,刘某提供的银行卡中,单向入账流水共计 3785 万余元,经查证被直接用于电信网络诈骗结算金额为 12088 元。银行卡流水数额和查证犯罪的数额相差达 3131 倍。而刘某某取现帮助“掩饰隐瞒”的资金,无法查证和对应电信网络诈骗结算资金。公安机关认为构成掩饰、隐瞒犯罪所得罪,检察机关认为构成帮助信息网络犯罪活动罪。

案例二:柳某某掩饰、隐瞒犯罪所得案

2021 年 2 月至 4 月,柳某某在明知资金系犯罪所得的情况下,仍然使用自己办理的 8 张银行卡帮助上线转移资金,其每日在“飞机群”中,提供自己的银行卡账号,进行“上分”(接受转移的资金),“下分”(将收到的资金再转移至指定账户)。柳某某提供的银行卡中,单向入账流水共计 1535 万余元,经查证被直接用于电信网络诈骗结算金额为 12.98 万元。银行卡流水数额和查证犯罪的数额相差达 118 倍。

案例三:戴某某帮助信息网络犯罪活动案

2020 年,戴某某为谋取利益,通过向好友收购银行卡,而后前往福建以每套 2000 元的价格出售给上游,戴某包括提供银行卡的其他同案人员,均只是出卖银行卡,并不进行转账操作。其涉及的银行卡流水共计 460.4675 万元。经查证被直接用于电信网络诈骗结算金额为数十万元,剩余数额无法查清来源。

以上案例是司法实践中,经常遇到的三种情况,其共同特点便是银行卡流水数额特别巨大,在“断卡”行动中普遍遇到涉案银行账户流水累计均超过数千万元。摆在司法机关的一个难题便是,如何给银行卡流水进行定性。目前的普遍处理方式①为:一是如果行为人仅有“帮信”行为,如案例三,那么无论银行卡最终流水数额有多少,被查证属实为电信网络诈骗数额有多少,银行卡流水均应评价为“帮信数额”;二是如果行为人全部为“掩饰隐瞒”行为,如案例二,要具体区分其“掩饰隐瞒”行为所指向的资金数额,是否被查证为犯罪所得,若是,则评价为“掩饰隐瞒数额”,若否,则作为“掩饰隐瞒”犯罪的“酌定数额”,纳入量刑考虑;三是如果行为人全部为“掩饰隐瞒”行为,如案例一,其银行卡流水无法查证为犯罪所得,则应当定性为帮助信息网络犯罪活动罪。

综上,行为人提供给上游使用的银行卡,有时仅作为二级卡、三级卡由于并不直接涉

① 实践中普遍认为,行为人在进行提供银行卡时,所包含的为概括故意,即无论是供上游掩饰隐瞒犯罪所得,还是帮助信息网络犯罪活动均不超出其预期范畴。

及电信网络诈骗,这才导致运行很久,银行卡流水数额特别巨大都没有案发或引起反诈平台注意。此外,上下游之间采用每日小额资金不间断汇入,有时高达几百笔金额再分散或者集中转走,难以追索研判入账流水的性质。申言之,如果不在案件审查时对涉案银行卡流水进行定性和处理,期待日后查证几乎不可能。

二、"银行卡流水数额"定性的观点评介

从知网上的检索以"掩饰隐瞒犯罪""帮助信息网络犯罪"为主题的期刊论文、博士、硕士论文,同时结合检答网的提问,"电信网络犯罪涉及银行卡流水数额的处理意见,有以下几种:

其一,严格"查证属实"说。只以查证属实为犯罪所得的资金数额作为掩饰隐瞒犯罪所得案件金额,其余银行卡流水仅当作酌定量刑情节予以考虑。这是目前较为保守的意见,也是实践中法院通常的意见。《最高人民法院、最高人民检察院关于审理掩饰、隐瞒犯罪所得、犯罪所得收益刑事案件适用法律若干问题的解释》第 8 条第 1 款规定:"认定掩饰、隐瞒犯罪所得、犯罪所得收益罪,以上游犯罪事实成立为前提。上游犯罪尚未依法裁判,但查证属实的,不影响掩饰、隐瞒犯罪所得、犯罪所得收益罪的认定。"在未经依法裁判的情况下,对于上游犯罪"查证属实"的标准,应当严格依照我国的证据标准,对上游犯罪的相关证据进行充分查证,只有犯罪事实清楚、证据确实充分,才可以认定"上游犯罪查证属实"。换言之,在电信网络诈骗犯罪中,只有查到被害人的确切被骗金额,才可以将被骗金额认定为掩饰、隐瞒犯罪的数额。提供银行卡的行为人也只需对查实的诈骗金额承担掩饰、隐瞒的刑事责任。因此实践中存在大量的案例,虽然行为人提供的银行卡中存在数百万元、上千万元的流水数额,但认定其构成的掩饰隐瞒犯罪的数额仅有几千元或数万元。虽然可将流水数额作为酌定量刑情节,但毕竟不是法定量刑情节,也无相关司法解释等规定予以明确,对量刑产生的影响有限。客观效果上,忽视了涉案银行卡流水数额。

其二,银行卡流水金额完全认定说。在电信网络犯罪中,确因被害人人数众多等客观条件的限制,无法逐一收集被害人陈述的,可以结合已收集的被害人陈述,以及经查证属实的银行账户交易记录、第三方支付结算账户交易记录、通话记录、电子数据等证据,综合认定被害人人数及诈骗资金数额等犯罪事实。有证据证明系合法来源的从犯罪金额中予以扣除。掩饰隐瞒犯罪作为电信网络犯罪的下游犯罪,其证据收集标准应当参照上游犯罪的证据收集标准。因客观条件限制无法逐一查找被害人的,可以参照巨额财产来源不明罪的证明标准,实行举证责任倒置原则,只要掩饰隐瞒的行为人不能证明资金合法来源和性质,本人也始终供述稳定的,且有国家反诈平台证明为诈骗关联账户的,银行卡流水按照常识推断就是犯罪所得,应当认定为犯罪金额。

按照罪责刑相适应原则,对于犯罪分子的惩罚,要在综合犯罪行为的社会危害性、行

为人的主观恶性和人身危险性基础上，合理配刑、适度量刑和依法行刑。虽然掩饰隐瞒行为人只是为了贪图蝇头小利去实施犯罪，主观恶性不算特别恶劣，所得报酬也不是很多，但其社会危害性不可估量。如果只认定查到被害人的被骗数额，不利于全链条打击犯罪。而由于公安机关的侦查手段、研判技术受限，对境外作案电话、微信等虚拟软件无法落地侦查，从司法实践来看，对于链条化的网络犯罪，要将整个犯罪链条一举摧毁，将链条顶端实施网络诈骗、网络洗钱、网上开设赌场等犯罪的人抓获往往比较困难，容易及时抓获的主要是上游贩卖"两卡"的帮助者和下游帮助转款的掩饰隐瞒者。① 掩饰隐瞒者一旦利用价值丧失，就立刻成为别人的弃子，他们会重新引诱一批新的掩饰隐瞒者继续实施犯罪行为，而正是在这些前仆后继的掩饰隐瞒者的帮助下，既将真正的网络犯罪实施者深深地隐藏到幕后，给侦查机关破案带来阻碍，影响对顶端犯罪人员的打击力度，又导致被害人的损失难以及时追回。从行为侵犯的实质法益和全面评价的角度考虑，应当将银行卡内流转的资金全部认定为掩饰隐瞒的犯罪数额予以处罚，否则打击太轻，难以实现刑罚的威慑功能，更无从斩断电信网络诈骗的黑手继续伸向人民群众。

其三，将银行卡流水数额采取二分说。即能够"查证属实为犯罪所得"的定性为掩饰隐瞒犯罪，剩余难以查证的，构成其他犯罪的，以其他犯罪论处。具体而言，就是在严格"查证属实"基础上，将涉案银行卡流水数额性质进行区分，经查证为犯罪所得的赃款，其"掩饰隐瞒"行为，构成了掩饰隐瞒犯罪所得罪；而剩余的银行卡流水数额，如果能够认定为"帮信"犯罪的，则以帮助信息网络犯罪活动罪论处。一是如上文所述，关于其主观明知和犯罪故意。行为人所提供的银行卡，既有作为一级卡所直接作诈骗使用的，更多的作为二级乃至三级卡，用于转移赃款。但从行为人主观来看，其对掩饰隐瞒和帮信应包含概括的故意。行为人对提供银行卡是用于洗钱还是帮信，都没有超出其主观故意。二是从行为方式来看，"掩饰隐瞒"行为，不仅要提供银行卡账户，还要进行一系列的款项转移操作行为，而"帮信"行为，则仅涉及提供银行卡账户，不包括款项转移操作，因此，"掩饰隐瞒"行为可以向下兼容"帮信"行为，作为"帮信"行为，进行评价。三是根据相关司法解释和会议纪要的推定规则，符合以下标准之一的可以认定为帮信犯罪：(1) 支付结算金额 100 万元以上的，可以没有查证属实的犯罪数额；②(2) 银行卡内流水全部金额 30 万元以上，所涉电信网络诈骗达到犯罪程度的。③ 在扣除查证属实属于诈骗数额后的银行

---

① 参见中国刑法学研究会"实务刑法论坛"第 1 期《帮助信息网络犯罪活动罪的司法适用——首期实务刑法论坛研讨实录》(周加海的单元总结)。

② 《最高人民法院、最高人民检察院关于办理非法利用信息网络、帮助信息网络犯罪活动等刑事案件适用法律若干问题的解释》(2019 年 6 月 3 日最高人民法院审判委员会第 1771 次会议、2019 年 9 月 4 日最高人民检察院第十三届检察委员会第二十三次会议通过，现予公布，自 2019 年 11 月 1 日起施行)。

③ 《关于深入推进"断卡"行动有关问题的会议纪要》(2021 年 11 月 26 日和 2022 年 1 月 7 日，最高人民法院刑事审判第三庭、最高人民检察院第四检察厅和公安部刑事侦查局先后召开联席会议，就当前"断卡"行动中各地反映的突出法律适用问题进行研究，就相关问题达成共识，形成会议纪要下发)。

卡流水数额，一般可以轻易达到上述标准。

综上，虽然行为人实施的是连贯性的行为，但每笔转账行为，又具有其独立性，因此，“二分法”并没有对行为人银行卡流水进行重复评价。只是将行为人N个独立行为，进行重新归类。此举，能够很好地解决罪责刑不相适应问题。诸如案例三等案件，以掩饰隐瞒犯罪所得罪和帮助信息网络犯罪活动罪两罪论处，既可以实现量刑上的均衡，又可以对涉案银行卡流水数额进行全部评价。但其存在的相关办理风险也显而易见，例如后期电信网络诈骗数额被查证属实，但该数额却已当作帮信犯罪进行评价。

其四，以公益诉讼辅助说。在实践中有的观点认为，对无法查到被害人的交易金额可以由检察机关提起公益诉讼。该观点认为，根据经验法则，只要是行为人使用自己、亲友甚至是借来的银行卡为他人转移资金或者取现，那么无论是否查到被害人，其银行卡内流转的资金均可认为是违法所得，应当依法追缴并返还被害人。而根据《最高人民法院关于适用〈中华人民共和国民事诉讼法〉的解释》第65条的规定，借用银行账户的，出借单位和借用人为共同诉讼人，此规定说明单从民事责任的角度，出借银行卡账户的都应承担赔偿责任。那么因行为人的掩饰隐瞒行为导致该资金无法追回或者加大追回难度，掩饰隐瞒的行为人与电信网络犯罪的嫌疑人更加负有共同退还的义务。对于不能确认为电信网络诈骗的部分金额，仍然在行为人所控制的银行卡内的，可以由行为人主动上缴国家代为保管，从而获得从轻处罚的机会。如果行为人不主动上缴的，则可以由检察机关代表国家提起公益诉讼，要求行为人上缴。

三、需进一步明确“推定”适用性规则

在实践中，越来越多的类似于案例三的案件出现，银行卡流水高达上千万元，但查证属实的仅有几千元或几万元，大量的流水没有办法进行评价。而将所有银行卡流水数额推定“掩饰隐瞒”数额，又明显违背了掩饰、隐瞒犯罪所得罪的罪状描述和“犯罪所得”的定性，应为实质犯罪所得，而非推定为犯罪所得。因此，需要对帮信行为和掩饰隐瞒行为进行有效界分，明确二者区别，在此基础上，对行为人的转账数额性质进行明确。

其一，进一步明确“帮信”行为和掩饰隐瞒行为的界分。虽然如上文所述，虽然“掩饰隐瞒”行为可以向下兼容“帮信”行为，作为“帮信”行为进行评价。但实际中往往只能就低认定查证属实的犯罪数额，究其原因，是没有“帮信”行为和掩饰隐瞒行为进行有效界分。在刑法理论中，掩饰隐瞒犯罪，只能成立于犯罪既遂之后。而帮信罪属于共同犯罪中帮助犯的正犯化，而共同犯罪只存在事前，事中，不包括事后的共犯关系。也即上游犯罪既遂后，难以将帮助活动再当作共同犯罪处理。从罪状描述来看，帮信罪应当成立于上游犯罪既遂之前，而掩饰隐瞒犯罪应该成立于上游犯罪既遂之后。如果有证据表明，被害人的钱款直接转入行为人提供的银行卡账户，此时被害人是在上游犯罪人的欺骗下正在处分财产，犯罪尚未既遂，提供银行卡的行为，应定性为帮信罪。如果有证据表明，

被害人的钱款没有直接进入行为人提供的银行卡，而是经过了转账后才进入的行为人提供的银行卡，应定性为掩饰、隐瞒犯罪所得罪。换言之，构成帮信罪，只要求行为人提供银行卡，不要求其实施接受和转移款项的操作；而构成掩饰、隐瞒犯罪所得罪，需要有掩饰、隐瞒行为和查证属实的上游犯罪的数额。

此外，需要进一步明确，帮信犯罪的上游犯罪即“信息网络活动犯罪”，应当指实质地通过“信息网络”的形式来实施犯罪，那么该限定就仅是犯罪实施方式的不同，而不应局限于电信诈骗等犯罪。如果使用“信息网络”的掩饰隐瞒犯罪，同样可以成为帮信罪的上游犯罪。从实践来看，电信诈骗集团和“洗钱、销赃”集团可能并非同一集团，而是处于分别作案，相互合作的状态。在此情形下，提供的银行卡行为，可以定性为帮助掩饰、隐瞒集团犯罪的“帮信罪”。

其二，建议采用银行卡流水“二分法”。虽然银行卡流水“二分法”在实践中缺乏“推定规则与解释”支撑，也有观点认为，一个连贯的行为不宜作区分评价。行为人提供的银行卡、收款码等，被上游犯罪既用于实施上游犯罪，也被用来转移赃款。这种情况，对于行为人而言，出于一个概括的犯罪故意，实施了一个提供银行卡、收款码的行为（即使一次提供多张、多个银行卡、收款码也属于刑法中的一个行为），属于典型的一行为触犯数罪名，系想象竞合，从一重处。但笔者认为，对于“卖卡、跑分”的这类掩饰隐瞒行为，其实质是在每天进行犯罪操作，每一笔独立转账，亦可视为一次独立的犯罪行为。例如，和（N个）盗窃团伙商议每天收购黑车，应当认定为盗窃共犯，对于个别车辆缺乏证据证明事前的协商行为，亦可以按照掩饰隐瞒犯罪来处理。如上文所述，犯罪嫌疑人往往出于一个概括故意，其对转账款项的“明知”是一种极大可能，即无论是否为犯罪所得，均不超出其犯罪故意，如果多级转账每一级去向均能被查清，那么每一级掩饰隐瞒行为，均应被认定掩饰隐瞒犯罪，如果无法查清，则可以“向下”评价为帮信行为，《最高人民法院、最高人民检察院关于办理非法利用信息网络、帮助信息网络犯罪活动等刑事案件适用法律若干问题的解释》中，第 12 条第 7 项对此进行了明确：“实施前款规定的行为，确因客观条件限制无法查证被帮助对象是否达到犯罪的程度，但相关数额总计达到前款第二项至第四项规定标准五倍以上，或者造成特别严重后果的，应当以帮助信息网络犯罪活动罪追究行为人的刑事责任。”具体而言，应当出台推定规则：对于能够查证属实为犯罪所得，而行为人又有掩饰、隐瞒行为的，认定掩饰、隐瞒犯罪所得罪；对于行为人控制的银行卡中认定为掩饰、隐瞒的犯罪所得数额之外的数额，达到帮助信息网络犯罪活动罪入罪标准的，认定帮助信息网络犯罪活动罪，以掩饰、隐瞒犯罪所得罪和帮助信息网络犯罪活动罪数罪并罚追究其刑事责任。

认罪认罚案件精准量刑的内在逻辑与实践路径

仲　军　武　艳*

摘要：从量刑建议包含的协商合意来看，精准量刑更符合诉讼合意的内在追求，它不仅有助于保证认罪认罚从宽适用的稳定性，更有利于优化诉讼效率。但实践中量刑失衡现象不容小觑。当前，检察机关的量刑建议不仅需要精确，更需要权威。一方面，准确理解检察主导责任与审判中心主义之间的关系，落实好精准量刑的效力保障机制；另一方面，可以参考国外的指南型量刑机制，通过数据库建设，收集、整理、分析相关数据信息，进一步将检察官的量刑规范在统一尺度辐射的范围内。

关键词：认罪认罚从宽　量刑建议　精准　实践路径

根据法律规定，认罪认罚案件犯罪嫌疑人、被告人自愿接受处罚，同意检察机关提出的量刑建议并获得从宽处理。在这一过程中，量刑建议被延伸至控辩双方达成的合意中，从而超脱于检察机关的单方意见。认罪认罚案件中的量刑建议具有承上启下的关键作用，它不仅关系到认罪认罚行为最终在刑罚处罚上的落实，也关系到检察机关协商兑现的权威性。

一、认罪认罚从宽与精准量刑的内在逻辑

司法改革中认罪认罚从宽制度的改革探索，高度契合了刑事司法犯罪态势的变化，是及时惩治犯罪的重要举措，也是法治进步在司法领域的直接体现。当前，我国刑事案件不断上升，2022 年全国检察机关受理审查起诉人数已达 209.2 万。认罪认罚从宽制度作为以认罪认罚换取量刑减让的制度设计是当下合理配置司法资源，构建多层次案件处置机制的重要方式。诚然，认罪认罚从宽制度也蕴含着其制度运行的操守与底线，特别

* 仲军，江苏省常州市金坛区人民检察院党组书记、检察长；武艳，江苏省常州市金坛区人民检察院第六检察部副主任。

是对于权利保障而言,准确判断量刑不仅是控辩对向性互动的前提,更是诉讼合意达成的基础。因而精准量刑既是立法取向,也是制度要求。

(一)量刑建议所表征的时代意义

量刑建议不再是单方意见,它在认罪认罚从宽制度确立后发生了实质性变化。它不仅成为控辩双方协商的产物,也是诉讼合意的表示。[①] 换句话说,量刑建议和指控犯罪一样,其制度功能和价值不容忽视,它是检察机关发挥主导作用的体现,也是检察机关在尊重犯罪嫌疑人、被告人主体身份基础上实现的协商合意,即在充分保障自愿性基础上双方就罪责达成一致,这一过程更有利于量刑的公开、公平、公正。

根据法律规定,认罪认罚具结书中应当载明罪名、量刑幅度以及程序适用等相关内容,但司法实践中,相较于罪名、程序而言,犯罪嫌疑人、被告人更在乎刑期的计算。因此,在认罪认罚从宽制度中,量刑建议权的行使更能体现检察机关追诉犯罪的效果,也是检察机关兑现从宽处理的郑重承诺。即犯罪嫌疑人、被告人在与检察机关签署认罪认罚具结书时,可以通过商定量刑幅度来影响诉讼结果,此种量刑建议已全然超越了检察机关的单方意思而更倾向于双方合意。[②] 事实上,在以审判为中心的诉讼制度改革中,量刑的独特价值更是延伸至诉讼审判活动,无论是《最高人民法院、最高人民检察院、公安部、国家安全部、司法部关于适用认罪认罚从宽制度的指导意见》(以下简称《指导意见》),抑或是人民法院法庭调查程序,都对量刑调查作出了具体规定。由此可见,当下检察机关的量刑建议更具有实践意义。

(二)精准量刑在认罪认罚从宽中的运用

可以说,量刑建议在认罪认罚从宽制度下被赋予了新的内容,有了新的意义。由此也产生对于量刑建议究竟是确定刑还是幅度刑的认识分歧,但从量刑建议所表征的协商合意来看,精准量刑更符合合意的内在追求。如不能对量刑有确定的预期,那么协商只会流于形式。

一方面,精准量刑提前给予犯罪嫌疑人心里预设,从而更有利于其尽早认罪。之所以"坦白从宽"的司法政策难以奏效,根本问题就在于从宽幅度的模糊性,即犯罪嫌疑人、被告人无法获取更多有效量刑信息,加之从宽幅度的不确定造成了相关人员无法从认罪的获益性与沉默的成本之间进行有效"选择"。相反,认罪认罚从宽制度则能通过更有效的量刑参与,打消犯罪嫌疑人、被告人的侥幸心理,从而增加对认罪认罚的理性选择。[③] 因此,一个相对明确精准的量刑不仅可以促使犯罪人员尽早认罪服法从而有效降低司法成本,更能够最终实现认罪认罚从宽的制度导向。

---

① 参见卞建林、陶加培:《认罪认罚从宽制度中的量刑建议》,载《国家检察官学院学报》2020 年第 1 期。

② 参见卞建林、陶加培:《认罪认罚从宽制度中的量刑建议》,载《国家检察官学院学报》2020 年第 1 期。

③ 参见鲍键、陈申骁:《认罪认罚从宽制度中量刑建议的精准化途径与方法:以杭州市检察机关的试点实践为基础》,载《法律适用》2019 年第 13 期。

另一方面,精准量刑有利于进一步规范量刑建议权与刑罚裁量权。根据刑事诉讼法的相关规定,检察机关与犯罪嫌疑人、被告人签订的具结书不仅可以有效约束控辩双方,同时对于审判机关也具有一定约束力。法院一般情况下应当采纳检察机关的罪名和量刑,并且法院认为量刑建议不当的不可以直接改判,而是允许检察院进行调整后再作决定。由此,精准量刑具有了刚性约束力,并由此与法官的刑罚裁量权形成了双向牵制,实现了检、法两家共同规范量刑适用,避免同案不同判的情况。

可见,精准量刑不仅有利于犯罪嫌疑人主动认罪认罚,保证认罪认罚从宽适用的稳定性;也有利于规范司法裁量权。根据《指导意见》的规定,办理认罪认罚案件,人民检察院一般应当提出确定刑量刑建议,实践中也形成了以精准为主、幅度为辅的量刑建议模式。

(三)精准量刑的实践困境

然而,囿于量刑情节难以精准(主要是侦查机关不注重收集量刑证据)、量刑程序不完善(律师的帮助流于形式)、量刑专业性不足(量刑的计算标准不明确、实践经验缺乏)等因素的制约,认罪认罚从宽制度中量刑建议的精准度和采纳率情况难言理想。

其一,量刑信息不全面,尺度不统一。实践中,侦查机关倾向于收集定罪证据,对量刑证据的收集不够积极,由此造成检察机关在审查起诉过程中存在量刑信息不全面现象,特别是酌定量刑情节还存在难以统一认定的尺度问题,尽管《最高人民法院、最高人民检察院关于常见犯罪的量刑指导意见》对于调节基准刑、确定宣告刑作了概括式规定,并对部分常见犯罪的量刑幅度予以了明确,但由于幅度过大,且犯罪情节设置并不充分,无法满足实践中精准量刑的需求,主要依靠内心判断及实践经验的量刑结果难以实现尺度统一。

其二,值班律师的帮助流于形式。适用认罪认罚从宽制度意味着犯罪嫌疑人、被告人通过放弃部分诉讼权利来换取从宽处理。因此,为有效保障合意过程的自愿性,减少后期案件办理中存在的控辩风险,该项制度的实施要求办案机关更加注重保障犯罪嫌疑人、被告人获取有效的法律帮助的权利,从而避免因信息不对等造成虚假认罚。但实践中,绝大多数值班律师在认罪认罚制度中仅充当了见证签署具结书的作用。因为前期的侦查阶段不介入,审查起诉阶段不阅卷,造成值班律师未能真正帮助犯罪嫌疑人参与到认罪量刑协商的过程中,有效辩护一定程度上存在“缺位”。

其三,检察官量刑经验不足。与法官相比,要求检察官提出精准量刑本身就是不小的挑战。多数检察官的量刑工作能力缺乏,司法经验也较为欠缺,表现为对量刑的方法不够了解,量刑规律把握不透,存在精准量刑本领恐慌。

二、认罪认罚从宽视域下量刑建议的效力保障机制

精准量刑不仅是落实控辩协商的基础,也是辐射整个认罪认罚从宽的核心。“认罪

认罚”的核心有二：一是犯罪嫌疑人、被告人“提前认罪”，二是司法机关“提前兑现”。由于都要“提前”，检察官成为“准法官”，检察官的量刑建议需要具备权威性。

（一）检察主导责任与审判中心主义

有人认为检察机关提出精准量刑侵犯了法官的裁判权，是对审判权的僭越。笔者认为，精准量刑是否侵犯独立审判，首先有必要厘清认罪认罚制度背景下检察主导责任与审判中心主义的关系。事实上主导的实质在于强化责任，既不能代替居中裁判，亦不能忽略权利保障。

以审判为中心的诉讼制度改革是十八届四中全会确立的一项重要部署，其目标在于强化诉讼活动以刑事审判证据标准为中心，从而实现庭审的实质化。该制度实现的基础是通过审前分流过滤、有效促进简案快办、繁案精办，将更多的司法精力投入重罪疑案中，确保庭审实质化下的公正审判。而在检察主导下的认罪认罚本身就是实现繁简分流司法过程。因此，检察主导与审判中心主义各有侧重，二者在本质上并不冲突，甚至相得益彰。

一方面，认罪认罚从宽制度贯穿于刑事诉讼的全过程，但重心在检察机关的审查起诉环节，通过检察职能的充分发挥全面推进认罪认罚从宽制度的落实。比如侦查阶段，认罪认罚被视作审查逮捕的必要因素；审查起诉阶段，控辩签署具结书被视作对认罪认罚从宽制度的具体落实；审判阶段，人民法院一般应当采纳检察机关指控的罪名和提出的量刑建议。

另一方面，尊重司法裁判权，坚持法官保留原则。尽管认罪认罚从宽制度赋予了控辩双方的协商合意，但法院并没有因为被告人认罪认罚而免于对案件的实质性审查。庭审中法院仍然需要对案件事实负责，需要对认罪认罚的自愿性负责，《指导意见》规定庭审中应当对认罪认罚的自愿性、真实性与合法性进行审查。由此可见，检察环节控辩双方签署的有关程序选择、指控罪名及量刑建议的具结文书最终需要经过法院予以审查后确定。

（二）精准量刑与司法裁判的冲突与耦合

作为认罪认罚从宽制度促进更高层次公正与效率的集中产物，精准量刑与司法裁判之间是相互耦合并非矛盾的关系。

一方面，检察机关作为审查起诉主体，提起公诉是检察官的重要职责，其中包括定罪请求与量刑请求，检察机关依法指控被告人构成犯罪，并请求法院给予相应刑罚处理。量刑建议作为求刑权的一部分，是检察机关行使公诉权的具体表现与重要载体，也为审判机关正确裁量被告人的刑罚提供重要依据。因此，检察机关的量刑建议权具有法律上的独立价值与积极意义。另一方面，根据《宪法》《刑事诉讼法》的相关规定，审判权则由人民法院独立行使。法官对于被告人的行为是否构成犯罪、构成何种犯罪以及处以何种刑罚，是建立在对全案证据综合审查的基础上，依据罪刑法定原则结合案件事实与犯罪情节得出的结论。因此,法院的刑罚裁量属于司法裁判权,具有实体性处置的效果。

根据《宪法》,公诉权与审判权分别由检察机关、人民法院独立行使,二者应当相互配合,相互制约。但从本质上看,量刑建议属于检察机关诉权的一部分,属于请求权的范畴,而法院则具有量刑裁判的最终处决权,属于终局性的处断权力。虽然认罪认罚从宽制度背景下,检察机关的量刑建议很大程度上将成为法院量刑裁判的依据,但并不表示量刑建议权构成对法院裁判权的"绑架"与"威胁"。

(三)"一般应当"的规范表达

《刑事诉讼法》有关"一般应当"的表述曾引发过不小的争议。有学者担心违背了"人民法院依法独立行使审判权"的原则。[①] 但也有观点认为,这一表述主要是对于犯罪嫌疑人、被告人诉讼主体地位的一种尊重。[②]

笔者认为,"应当"一词虽然具有约束意味,但并不触犯法院的审判权力,法院判决具有终局性,"一般应当"的表述只是强化了法院对于控辩双方诉讼合意的尊重和认可,也是认罪认罚从宽制度落实的保障,不涉及其他。而在"应当"前面的限定词"一般",同样给审判机关留有余地,在特殊情况下,即存在被告人不构成犯罪或无须追究刑事责任等情形的,审判机关可以不予采纳。这不仅充分体现了审判机关的自由裁量,更突出了我国以司法公正为最高价值。一方面,检察机关的量刑建议从此有了法律上的刚性效力,言下之意,法院无正当理由不能任意改变。另一方面,"一般"的用语又一定程度上限制了检察机关量刑建议权,在维护司法公正的前提下,法院依然享有裁量权。

(四)量刑调整的理由与异议处理

认罪认罚从宽制度下,量刑建议的效力毋庸置疑,但从客观公正立场出发,《刑事诉讼法》还是规定了量刑调整的两项前置理由。

一是量刑明显不当有违罪责刑相适应原则。但对于何为"明显不当",法律及《指导意见》均未给出明确解释。"据刑法理论,所谓量刑明显不当,通常指'量刑畸重畸轻',即超出刑法规定的量刑幅度科以刑罚。"[③]为此,刑法规定成为衡量量刑是否得当的重要因素,《指导意见》对此理解也予以了认同,意见认为不具备减轻处罚情节的,应当在法定幅度以内提出从轻处罚的量刑。可见,"明显不当"的情形应当是检察机关超出刑法规定提出量刑,除此情况,法院应当谨慎调整量刑。

二是被告人、辩护人对量刑建议提出异议。通常情况下,被告人在审查起诉环节签署的认罪认罚具结书具有当然的法律约束力,这种约束力不仅是对司法机关而言的,也是针对被告人的。之所以规定了被告人及其辩护人的异议权,事实上是法律规定的一种

---

① 参见魏晓娜:《结构视角下的认罪认罚从宽制度》,载《法学家》2019 年第 2 期。

② 参见杨立新:《量刑建议等问题比较》,载《中国检察官》2019 年第 1 期。

③ 卞建林、陶加培:《认罪认罚从宽制度中的量刑建议》,载《国家检察官学院学报》2020 年第 1 期。

权利的最后救济途径,实践中确实不能排除被告人虽不违反意愿但却因律师的无效帮助而对认罪认罚的后果产生误解的情形。因此,在此情况下赋予异议的权利,不仅体现了认罪认罚从宽制度的初衷,更体现了刑事诉讼法保障人权的宗旨。当然,这种异议也是有限制的。根据《指导意见》第 41 条的规定,被告人提出异议需"有理有据"。比如积极赔偿、取得被害人谅解等可以进一步从宽处理的情况。

此外,《刑事诉讼法》第 201 条第 2 款规定了量刑异议处理的程序规定。一方面,赋予检察机关量刑调整的知情权,要求法院对确需调整的量刑建议及时告知检察机关并说明理由,不能径行作出改判。另一方面,要求检察机关在接到量刑调整通知后及时反馈法院,以便法院进一步作出是否改变量刑的决定。值得注意的是,如果人民法院在未告知调整量刑而直接作出裁判的情况下,检察机关应当以程序性违法将其纳入法律监督范畴,以便通过纠正违法意见等方式予以监督。

三、认罪认罚从宽视野下精准量刑的路径与措施

司法实践中存在量刑失衡,这一论断无论是在社会公众的朴素判断中,或是学者的理性研判中都已成定论。长期以来,量刑是由法官群体作出的,但随着认罪认罚从宽制度深入推进,检察机关的量刑请求权愈加凸显,甚至被前移、被前置。由此,检察机关推进量刑建议的精准显得尤为重要。当前,随着实证研究的普及与人工智能的推广运用,罪刑均衡化问题可以借助科学精确的配刑模型得以有效实现。从经验式估推配刑到数字化模式,不仅能对量刑过程进行有效规制和管理,也是对检察官司法裁量的保护与促进。

(一)从经验式估算到数字化模式

检察机关要做到精准量刑首先需要尽量避免量刑失衡。这不仅有法律规定本身的良莠,也有司法者自由运用裁量权的结果。德国刑法学家冯·李斯特就曾批评德国法官的量刑是在黑暗摸索下偶然与随心所欲的产物。因此,量刑失衡不仅应当归因于刑罚幅度过宽,规范过于抽象,监督程序的缺憾以及司法者性别、年龄等主观因素也不能小觑。有学者感慨要想从规范与事实无法对应的现实中"划抵"定性准确、量刑合理的理想"彼岸",多少显得力不从心。①

从我国目前的司法实践来看,刑罚的裁量仍以经验式的估推为主,个案的体验与经验的积累成为量刑的第一步。因此,不可避免地会遇到外界的干扰,诸如监督的缺失,部分群体的司法腐败以及因知识预设、认识能力、资历经验等因素差异所造成的区别对待。

① 参见周建达:《"以刑定罪"的实践样态及其分析——Y 市法院的实证考察为基础》,载《环球法律评论》2015 年第 1 期。

但刑罚配置又不是立法者恣意妄为的事情，它必须得到合理化的控制。[①]

笔者认为，大数据、人工智能的发展运用能够帮助实现更加精细化的个罪量刑配置。但需要强调的是，改变经验式的估算而非否认检察官的自由裁量权。因为检察官的量刑过程如同司法裁判一样，既涉及法律适用问题，也涉及价值判断与事实判断。在司法实践与通向刑法正义的道路上从未有过司法者自由裁量权的缺席，我们需要做的是规范量刑的各种措施。比如，可以借鉴国外的指南型量刑机制，按照刑罚目的折中论的思想初步建立量刑的数字化公式，将体现基本犯罪形态的危害后果量化为本罪量刑的基础，再以体现犯罪个体差异和犯罪人个体危险性作为量刑的浮动因素，通过数据库建设，收集、整理、分析量刑信息，从而帮助检察官的量刑规范在统一尺度辐射的范围内。

（二）指南型量刑机制

从实践价值上看，量刑指南不仅可以有效规范和约束自由裁量权，确保权力的正确行使，同时从制度上也保障了量刑的科学有效性。英美法系国家是指南型量刑的改革先驱，英国、美国、澳大利亚等国家都有自己独特的量刑模式，通过独立或附属的量刑委员会对量刑经验进行实证研究，最终形成体系化的量刑指南。[②] 而在指南起草前，大数据的收集与分析是必不可少的工作，以美国为例，量刑委员会收集了大量的典型案例以及有罪判决的详细报告进行分析，为指南起草提供了数据支撑。澳大利亚也非常重视量刑实践数据的收集并在此基础上研发量刑信息系统，很好地将先例经验运用到量刑中，通过收集、发现、分析生效量刑中的同案因素，从而对其他案件中的量刑经验加以整理，确保司法实践的一致性。由此笔者认为生效案例库的建设是量刑指南机制建立的关键，大数据的技术支撑有助于实现检察能力的现代化提升。

此外，建立有关量刑的案例指导制度也是十分必要的。案例是检察机关体现司法办案的有效产品，也是总结检察履职经验、诠释法律精神的重要载体，案例指导能为量刑提供统一的标准，并解决实践层面上的“同罪异罚”问题，是量刑指南的有益补充。其不仅具有较强的可操作性，还具备案例的鲜活性与具体性，可以通过类似案例量刑的个案指导去平衡与保持司法适用的统一性。因此，完善有关量刑案例的发现、培育和推荐机制，加强对指导量刑类案例的“培育”，对于检察官理解量刑指南、实现相似案件相似处罚以及在提升刑罚均衡性上都具有重要意义。

（三）数字模式量刑策略

数学思维与方法的运用在科学立法中的作用已得到了认可，立法中所涉及的各重要因素也可以被量化为数据，[③]人工智能越来越成为立法者的工具，大数据、数字化甚至演

---

① 参见周光权：《法定刑配置的合理性探讨——刑罚攀比及其抗制》，载《法律科学》1998 年第 4 期。

② 参见蔡曦蕾：《克服量刑失衡二元体系之构建——基于对我国量刑失衡现象的实证分析》，载《政治与法律》2013 年第 1 期。

③ 参见储槐植、何群：《论我国数量刑法学的构建》，载《中国法学》2019 年第 3 期。

变为良好伙伴。具体到量刑的配置，既要考虑犯罪人的行为恶意，又要对其造成的法益损害以及社会危害性进行充分考量，多种因素的调和平衡确实给立法、司法带来了不小的挑战。诚然，借助数学方法量化罪责刑，可谓是人工智能对刑法作出的重要贡献。数学思维与方法的介入可以提升量刑的科学性、精准性，通过数学方法较为客观地评价处罪与刑罚之间的数量关系，最终实现刑法正义所追求的罪刑均衡。

有关刑罚目的理论一直都有报应论与教育论的争论，无论哪一种理论都存在一定的局限性，报应论过分强调刑罚的事后惩戒机制，忽视犯罪人的社会回归；教育论则看重刑罚的预防改造功能，导致刑罚有可能偏离罪责刑相适应。为此，折中理论认为既要考虑对犯罪的报复惩罚，又考虑到对犯罪的教育改造以及预防。[①] 从刑罚折中理论出发，量刑的原则应当既保持罪责刑相适应的基本原理又要考虑刑罚的个别化。量刑起点根据犯罪的基本要素确定，取决于犯罪行为本身对法益的侵害以及对社会造成的后果。而体现犯罪个体差异及犯罪人个体危险性的情节则是作为量刑的浮动因素因人而异。据此，犯罪人的刑罚可以由量刑的起点与量刑的浮动二者结合后最终确定。

① 参见谢望原：《欧陆刑罚制度与刑罚价值原理》，中国检察出版社 2004 年版，第 345 页。

“刑转行”检察监督的现实困境与实践探索

——基于不起诉案件行政处罚的实证分析

江苏省扬州经济技术开发区人民检察院课题组*

摘要：不起诉案件存在后续监督不全面、刑行处罚衔接不到位、不起诉权后续保障机制不完善等现实困境。其原因在于，行政处罚自由裁量权的把握主体和监督标准不清晰、检察监督理念局限、刑行衔接机制缺失。聚焦不起诉案件行政处罚缺位这一“治理盲区”，须构建类型化的“刑行衔接”标准，重视适用不起诉配套措施，健全执法司法监督制约体系，以此探索不起诉案件“刑行衔接”的有效路径。

关键词：不起诉案件　刑行衔接　检察监督

当一行为违反社会管理秩序且具有严重法益侵害性时，则可能会同时面临行政处罚和刑事追责，即刑行交叉衔接。显然，这种衔接并非总是行政处罚向刑事追责的单向流动，还包括因社会危害性的考量从刑事追责转至行政处罚的情况。尤其在全面适用宽严相济刑事政策、认罪认罚从宽制度日益深化的背景下，轻罪治理仍面临诸多困境。检察机关依法对犯罪嫌疑人不起诉后，并不代表其无须承担任何责任，特别是相对不起诉等案件处置应当进一步强化相应行政处罚措施的衔接跟进。但实践中，不起诉案件往往存在刑行衔接程序不畅、后续非刑罚处罚措施不健全等问题，需要在检察实践中予以回应。

一、现状分析：2020—2022 年不起诉案件行政处罚情况的实证考察

为对不起诉案件行政处罚情况有更直观全面的认识，笔者从实证角度考察了 2020 年至 2022 年某基层检察院不起诉案件。经过详细梳理发现相关案例均具有一定的代表

---

* 课题组组长：朱桂明，江苏省扬州经济技术开发区人民检察院党组成员、副检察长。课题组成员：张春波，江苏省扬州经济技术开发区人民检察院第一检察部主任；那晓凯，江苏省扬州市人民检察院第一检察部检察官；王丹，江苏省扬州经济技术开发区人民检察院第一检察部检察官助理。

性,能够一定程度体现司法实践中不起诉案件刑行衔接的实践状况。据统计,Y 市 K 区人民检察院近三年共依法办理不起诉案件 87 件 129 人。其中,应当被行政处罚的案件有 57 件 68 人,但实际仅有 11 件 25 人被行政处罚,未处罚率 80.6%。经分析,相关不起诉案件主要有以下几个特点:

(一)侵害法益相对集中

从罪名分布来看,行政处罚缺位的不起诉案件主要集中于交通肇事、非法捕捞水产品、盗窃三个罪名,占案件总量的半数以上。此外,还涉及故意伤害、故意毁坏财物、帮助信息网络犯罪活动、虚开增值税专用发票、拒不支付劳动报酬、非法侵入住宅等罪名。从涉及领域来看,侵犯财产、妨害社会管理秩序、危害公共安全等领域犯罪分别占比 33%、25.3%、20.7%。其中,涉及侵犯财产领域案件为首,主要为盗窃、故意毁坏财物罪名。其次是涉及妨害社会管理秩序犯罪,主要是非法捕捞水产品等罪名。排在第三的是公共安全领域犯罪,主要为交通肇事。此外,该类案件还涉及破坏社会主义市场经济秩序、侵犯公民人身和民主权利等领域。

(二)涉及行政领域广泛

从涉及行政法律情况来看,该类案件主要涉及《治安管理处罚法》《道路交通安全法》,此外还有部分案件涉及《税收征收管理法》《渔业法》《森林法》《劳动法》等法律。从涉及行政主体情况来看,涉及公安机关职权范围的,主要包括交通肇事、盗窃、故意伤害、诈骗、故意毁坏财物、赌博、开设赌场、非法种植毒品原植物等;其次是渔业水利部门,主要是非法捕捞水产品等。另涉及林业、劳动监察、金融监管、税务等主管行政机关。从涉及行政处罚类型来看,该类案件需处以警告、罚款、责令停产停业、暂扣或者吊销许可证、降低资质等级、没收非法财物、没收违法所得、行政拘留等行政处罚。

(三)以相对不起诉为主

据统计,该类案件涵盖检察机关不起诉案件的全部类型,其中相对不起诉有 50 件,占比为 90.9%;其他为未达犯罪标准或刑事证据标准的绝对不起诉和证据不足不起诉的案件。相对不起诉案件行政处罚缺位率最高,为 73.5%。

二、现实困境:"刑转行"检察监督缺位的原因剖析

不起诉案件行政处罚缺位折射出"刑转行"检察监督存在的问题,主要是目前尚未形成系统完备的"刑行衔接"机制流程,规范层面欠缺细化操作,对司法实践的规范性、指导性不强,导致各方在具体案件时的履职分歧或衔接不畅。"轻罪案件诉讼程序的经济成本实质上构成了对被告人的惩罚,损失的时间、精力和机会可能超出来自裁判的负面效果。"①例如,《环境行政处罚法》第 55 条规定,行政机关应在立案之日起 3 个月内作出行

① 左为民:《神话与现实:美国轻罪案件诉讼程序勘迷》,载《中国刑事法杂志》2021 年第 3 期。

政处罚。实践中,不少案件在此期间内无法查清全部违法事实,且涉嫌刑事犯罪并移送公安机关后,侦查及审查起诉所花费的时间将会更多。在此境况下,检察机关经审查依法作出不起诉决定并移送至行政机关,行政机关根据该条款规定则无法作出行政处罚。除立法规范因素外,导致不起诉案件行政处罚缺位的原因还存在于以下几个方面。

(一)行政处罚自由裁量权的把握主体和监督标准不清晰

一方面,部分行政机关对检察机关不起诉存在认知偏差。即认为案件移送检察机关审查起诉后便不存在行政处罚情形,故对检察机关不起诉的案件,直接作出结案处理,导致对被不起诉人"一放了之"。如部分非法捕捞水产品案件中,因犯罪情节轻微,依法作出相对不起诉处理。渔业执法部门认为该案已经终结,后续便未再作相应的行政处罚。但根据《渔业法》第 38 条"使用炸鱼、毒鱼、电鱼等破坏渔业资源方法进行捕捞的,违反关于禁渔区、禁渔期的规定进行捕捞的,或者使用禁用的渔具、捕捞方法和小于最小网目尺寸的网具进行捕捞或者渔获物中幼鱼超过规定比例的,没收渔获物和违法所得,处五万元以下的罚款"等规定,行为人理应受到行政处罚。另一方面,对行政处罚启动标准的界定不当。部分行政机关将法院作出有罪裁判视为启动行政处罚程序的前置条件,未采纳检察机关在作出相对不起诉、向相应行政机关提出行政处罚的检察意见。例如,部分交警部门认为,根据公安部《道路交通事故处理程序规定》第 82 条、《道路交通事故处理工作规范》第 73 条"对发生道路交通事故构成犯罪,依法应当吊销驾驶人机动车驾驶证的,应当在人民法院作出有罪判决后,由设区的市公安机关交通管理部门依法吊销机动车驾驶证"的规定,但对于检察机关作出相对不起诉后是否吊销驾驶证却并未明确,于是未对相关人员作出相应处理。全国人大常委会通过的《道路交通安全法》第 101 条明确规定,违反道路交通安全法律、法规的规定,发生重大交通事故,构成犯罪的,依法追究刑事责任,并由公安机关交通管理部门吊销机动车驾驶证。该条款表明,法院判决是吊销驾驶证的充分非必要条件,对于被不起诉人符合吊销驾驶证条件的,即便尚未作出有罪判决,公安机关也应当根据检察机关认定的事实和有关驾驶证管理规定,作出吊销驾驶证的行政处罚。

(二)检察监督存在薄弱点

《刑事诉讼法》第 177 条第 3 款规定:"人民检察院决定不起诉的案件……对被不起诉人需要给予行政处罚、处分或者需要没收其违法所得的,人民检察院应当提出检察意见,移送有关主管机关处理。"《人民检察院刑事诉讼规则》第 373 第 2 款规定:"对被不起诉人需要给予行政处罚、政务处分或者其他处分的,经检察长批准,人民检察院应当提出检察意见,连同不起诉决定书一并移送有关主管机关处理,并要求有关主管机关及时通报处理情况。"上述条款对检察机关决定不起诉的后续处理均提出了相对具体的要求,但在实践中,检察机关在推进不起诉案件"刑行衔接"中仍存在一定的理念局限。一是对行政处罚的认知不足。过于依赖刑事法律规定,对于相关行政法规的习得与运用相对薄弱,对行政处罚的条件、内容、主体等情况缺乏细致深入的理解掌握,导致无法找准相关行政主体并提出切实有效的检察意见。二是法律监督的意识存在局限。在刑事诉讼领域监督办案中,检察官往往过于聚焦立案监督、追捕追诉、纠正违法等,但把检察机关的法律监督局限于侦查活动领域,对于《刑事诉讼法》《人民检察院刑事诉讼规则》赋予的行政处罚监督职权关注度不够,未能充分履责。三是犯罪治理的担当不够。犯罪治理是一项长期、系统性工程,特别是在新发展阶段,犯罪风险存在多点爆发、复杂交错等鲜明特征,更需要多方面的积极参与和协作配合。实践中,如果缺失系统观念,将“办结”等同于“办好”,认为在不起诉后不需要跟进法律监督,就难以实现“诉源治理”目标。

(三)刑行衔接机制的缺失

刑事规制是调节社会关系的最后手段,涉及行政法律关系的刑事案件的多为“行政执法”到“刑事司法”的单向度流转,即“行政执法机关(一般不包含公安机关)—侦查机关—检察机关—审判机关”。与一般刑事案件相比,“刑行衔接”不仅包括检察机关与侦查机关特别是公安机关的衔接,更不容忽视检察机关与其他相关行政执法机关的衔接。受诉讼流程影响,检察机关客观上同行政机关的联系较少、接触有限,在决定不起诉后,通常仅送达公安机关,缺乏同步送达承担相应主管职能行政机关的意识习惯,而行政机关也没有主动了解案件办理情况,从而导致二者在案件衔接上出现不畅。有学者认为,“监管部门和公安机关之间的紧密合作关系容易造成执法和司法程序的失范;而人民检察院与其他部门的对立使自身在整个制度系统中处于孤立状态”。[①] 究其根源,刑行衔接机制尚不流畅,检察机关与侦查机关、行政机关的外部信息沟通,以及机构内部的信息流转等,都存在不同程度的交流梗阻,导致有关部门无法在第一时间获知案件情况,并及时有效地作出反应。例如,检察机关将不起诉决定书送达公安机关后,一般由其法制部门接收,而非具体承担行政处罚职能的部门。且由于不起诉案件“刑行衔接”的领域广泛、涉及行政主体众多,仅从刑事诉讼规则等刑事诉讼领域明确不起诉案件衔接的规范在行政法领域效力不足,面向行政机关的机制规范十分欠缺。实践中,部分检察机关通过会商机制等,对部分领域的具体操作规程予以了明确和细化,对推进“刑行衔接”工作起到了一定推动作用。但这种散见于“意见”、会议纪要等形式的规范性文件具有零散化、地域性、局限性、临时性等特点,普适率不高。

三、应然思考:“刑转行”检察监督的路径选择

行政处罚与刑罚处于不同位阶,理论上应是无缝衔接。“刑行衔接”与“一事不再罚原则”并不冲突。因为当一个违法行为同时违反了刑事及行政两种法律规范时,意味着

---

① 刘杨:《行政执法与刑事司法衔接的二元格局及其法治后果——以食品药品监管领域的经验为例》,载《华中科技大学学报(社会科学版)》2020 年第 1 期。

其所侵害的社会关系彼此不同,可以由有权机关依据不同的法律规范施以处罚。[①] 聚焦不起诉案件行政处罚缺位这一"治理盲区",方能探索刑事领域不起诉案件"刑行衔接"的有效路径。

(一)明确刑行衔接的重点案件范围

刑事案件中可能涉及行政处罚的情形主要有:一是同一行为人行政处罚和刑事责任并存。即基于同一行为而触犯行政法律和刑事法律的行为,分别由行政机关和司法机关给予处罚,其主要类型为资格罚。如《道路交通安全法》第 101 条第 1 款规定:"违反道路交通安全法律、法规的规定,发生重大交通事故,构成犯罪的,依法追究刑事责任,并由公安机关交通管理部门吊销机动车驾驶证。"二是对合行为中区分不同对象予以行政处罚。即在同一行为中涉及双重对象,对一方人员追究刑事责任,对另一方人员即行政违法者予以行政处罚。如赌博罪和开设赌场罪案件,对部分参与赌博或协助人员予以行政处罚;又如组织卖淫、协助组织卖淫等案件,对组织者、强迫者、容留者、协助者追究刑事责任,而对卖淫嫖娼人员予以行政处罚。三是对聚众型违法犯罪人员予以分层处理。此类犯罪通常对首要分子和积极参加者予以追究刑事责任,对其他一般参加者予以追究行政责任,如聚众斗殴、聚众扰乱公共场所秩序等。

(二)重视运用不起诉配套措施

做好不起诉的"后半篇文章",须规范不起诉案件非刑罚处罚适用范围及流程,对措施种类、适用方式、监督制约等方面建章立制,通过流程规范和格式文书,将《刑法》第 37 条规定的五种非刑罚化措施具体化、分类型适用。一是以个案寻突破、以类案促成规范。业务部门细化各类非刑罚处罚措施的适用范围、办理程序、时限要求、跟踪监督,形成文书模板;法律政策研究部门定期梳理不起诉后非刑罚处罚工作文书制发情况,建立案事例储备库,明确类案非刑罚措施适用时间、适用内容和适用方式,探讨类案非刑罚措施适用指引,形成类案操作规范。二是不起诉案件在非刑罚措施适用过程中,应加大公开听证工作的适用频度,通过邀请人大代表、人民监督员参与非刑罚措施适用过程中的公开听证,借助人大代表影响力提升检察文书的刚性,扩展检察工作质效。三是在注重标准转化的前提下,检察机关不起诉书中的认定事实及证据可直接作为行政处罚依据,行政机关仅对司法未能认定的事实和证据另行调查,以提升行政处罚质效。

(三)健全执法司法监督制约体系

一是从外部体系上,构建刑事司法与行政执法的双向互动。检察机关应切实履行对行政机关提出检察意见的职责,推动行政机关加强不起诉案件行政处罚,实现刑事司法与行政执法的双向互动。

二是从内部制约上,强化对移送的审查监督。重点关注治安类、交通肇事类以及生

---

① 参见章志远:《行政法学总论》,北京大学出版社 2014 年版,第 195 页。

态环保类等多发性案件，主动加强对不起诉案件行政处罚的审查、移送工作，将“是否及时有效地移送相应行政机关”“有无行政反馈及法律审查”等内容纳入案件评查，进一步完善司法责任制。

三是从结果导向上，严肃追责问责。《最高人民检察院关于推进行政执法与刑事司法衔接工作的规定》中明确，有关单位在要求的期限内不回复或者无正当理由不作处理的，经检察长决定，人民检察院可以将有关情况书面通报同级司法行政机关，或者提请上级人民检察院通报其上级机关。必要时可以报告同级党委和人民代表大会常务委员会。实践中，应进一步严格行政机关对不起诉案件依法履职的责任，严肃问责，追责不关注、不跟踪案件刑事处理结果以及收到不起诉决定书后不及时作出行政处罚等行为。同时，也要进一步加强检察机关对不起诉案件及时移送行政机关的监督，防止“有案不移”的情况发生。

行政检察监督中禁止不利变更原则与全面审查原则的冲突与适用

毛宽桥　张学丽*

摘要:基于法律监督机关的职能定位,行政检察监督原则上应采取全面审查。依申请启动的检察监督,与行政复议、行政诉讼等复查程序存在相通之处,适用禁止不利变更原则也有一定的合理性。两项原则的冲突在所难免,应当借鉴"冲突规则"理论,在对原则背后的法益进行衡量的基础上,确立价值顺位。为平衡当事人申诉权利与检察机关能动监督,应当以保障实体权益为标准,优先适用全面审查原则,特殊情况下再适当考虑禁止不利变更原则,以兼顾"两益"维护和矛盾纠纷化解。

关键词:行政检察　全面审查　禁止不利变更　原则冲突

一、问题的提出

对于遭受违法行政行为侵害的当事人而言,行政诉讼是其实现法律救济的最后途径,而行政检察监督又是行政诉讼救济的最后一环。通常认为,行政检察旨在通过履行监督职责纠正行政审判和行政执法中的各种违法偏向,检察监督的直接对象是人民法院行政裁判和执行活动,间接对象则是行政机关的行政行为,一般不涉及行政相对人或者第三人。但也会遇到一种特殊情况,即法院裁判或行政行为的确存在错误,但是申请人也存在不当得益或者其他违反法律规定的情形,此时应该如何处理?

从纠正违法偏向的功能而言,检察机关应当要求法院重新作出裁判或者行政机关另行处理,那么监督结果显然会对申请人更为不利。比如,检察机关对生效裁判审查后发现,申请人的起诉超出了起诉期限,法院却予以受理并作出了实体判决,如果制发再审检

* 毛宽桥,江苏省苏州市吴中区人民检察院第五检察部副主任;张学丽,江苏省苏州市吴中区人民检察院第五检察部检察官助理。

察建议,法院再审后会作出驳回起诉的裁定,申请人反而失去了诉权。再如,在对征收补偿纠纷案件审查中发现,行政机关与申请人达成的协议超出了补偿标准,如果开展行政违法行为监督,申请人可获得的补偿金额会大幅减少。从上述两种情形来看,因为申请监督而导致自身的义务加重或者权益减损,似乎又有违申请人向检察机关寻求权利救济的本意。

这个问题的实质就是,检察机关在依申请开展行政检察监督时,究竟是应该遵循全面审查原则的要求,可以作出不利于相对人的监督举措,还是要参照禁止不利变更原则的精神,不能让申请人陷入更为不利的境地?行政检察实践中,应该如何认识并对待这两项差异较大、甚至相互抵触的法律原则,不仅在理论上缺少深入研究,在司法实践中也存在规制空白。

二、禁止不利变更原则的法理内涵

禁止不利变更原则是现代各国家刑事、民事、行政诉讼法中通行的一项重要原则,其基本含义是指司法机关对申请人提交其审查的案件作出处理决定时,不能将申请人置于较原本的状况更为不利的局面。[①] 这一原则又引申到行政法中,也包括了行政机关在行政相对人提出申辩或者申请复议时,不能作出更为不利于行政相对人的决定。所以,禁止不利变更原则又被称为“申辩不加重”原则。从立法原意上讲,设立禁止不利变更原则,既是为了减少当事人的心理负担,确保其可以积极行使救济权利,也是为了维持执法秩序和裁判结果的稳定性,避免决定更改的随意性。第一,禁止不利变更中的“利”,既包括实体性利益,也包括程序性利益,如原告在二审中提出行政赔偿请求的,法院调解不成的应让当事人另行起诉,若直接驳回该请求,就会影响到原告的审级利益。第二,所谓的“变更”,既包括直接作出对原告或者上诉人更为不利的裁判,也包括以撤销重作或者发回重审等方式间接实现更为不利的结果。第三,该原则的适用程序可以适当扩大解释,尽管《行政诉讼法》第 77 条是一审程序的规定,但是就诉权保障的角度而言,一般也认为二审程序和审判监督程序同样适用禁止不利变更。第四,该原则存在例外情形。正如刑事诉讼中检察机关抗诉时不受“上诉不加刑”限制一样,当行政诉讼中诉请相反的利害关系人同时“申辩”时,就要排除适用禁止不利变更。

行政检察是行政诉讼法的一项重要制度设计,其中依申请开展的检察监督与行政复议、行政诉讼存在形式上的相通之处,都是因当事人申请而启动的一种复查活动。所以,有观点认为行政检察中也应适用禁止不利变更原则。[②]

---

① 参见廖中洪:《“禁止不利益变更”原则若干问题研究》,载《现代法学》2009 年第 1 期。

② 参见黄旭东、邓娟:《行政非诉执行监督中应关注三个问题》,载《检察日报》2019 年 6 月 16 日,第 7 版。

三、全面审查原则的法理内涵

行政诉讼和行政检察中都有全面审查的要求。行政诉讼中的全面审查是指人民法院在审理行政案件时，应当对被诉行政行为的事实依据、适用法律、行政程序是否合法，以及行政行为是否符合正当的行政目的、是否存在明显不当等情形进行全面审查。① 严格来说，《行政诉讼法》第 87 条只规定了二审法院应当对原审裁判和被诉行政行为进行全面审查，并没有提及一审程序是否适用。但是，从逻辑上讲，二审需要对被诉行为进行全面审查，那么一审也全面审查似乎已经不言自明。比如，还有判例从《行政诉讼法》第 6 条的合法性审查原则中引申出，对被诉行为合法性审查就意味着全面、客观的审查，不受原告诉讼请求和理由的限制。② 一审、二审中实行全面审查的观点也得到了全国人大常委会法工委的认可。③

目前，行政诉讼中全面审查原则的内容已形成了初步共识，既包括对事实认定和法律适用的审查，也包括对行政程序和审判程序的审查；既包括对合法性的审查，也包括对合理性的审查，如运用比例原则对行政裁量是否适当进行审查；既可以审查具体行为，也可以附带性审查部分规范性文件。但是仍有一些问题存在争议，如全面审查的边界能否超出原告诉讼请求。对此，实务中观点不一。以最高人民法院的判例为例，有的认为，全面审查应围绕被诉行为展开，不宜主动审理相对人未提告的其他行政行为；④有的认为，法院可基于全面审查原则对有关联的先前行政行为进行审查；⑤还有观点认为，在原告未请求一并审理的情况下，法院可以根据全面审查原则对相关的民事争议作出判决。⑥

与《行政诉讼法》不同的是，《人民检察院行政诉讼监督规则》（以下简称《监督规则》）对全面审查原则的地位与内容进行了明确。《监督规则》总则第 4 条将该原则确立为行政检察的基本原则，规定了检察机关对行政诉讼实行法律监督，应当坚持依法全面审查。第 43 条又对此予以展开，指出应当围绕申请人的申请监督请求、争议焦点、国家或者社会公共利益受损情况以及发现的其他违法情形，进行全面审查。

由此可见，行政检察中全面审查的范围，不限于当事人的监督申请，还包括审判和执行活动是否合法、行政行为是否合法，以及当事人利益诉求是否正当等。一般认为，行政相对人或者第三人并非行政检察的监督对象，但是检察机关对裁判结果或者行政行为进行监督后，监督效果可能会反射至相对人或者第三人，所以对其诉求正当性的关切，也是衡量监督必要性的必经程序。

---

① 参见窦家应：《行政诉讼法律适用原则研究》，武汉大学 2017 年博士学位论文。

② 参见最高人民法院行政判决书，(2020)最高法行再 28 号。

③ 参见信春鹰：《中华人民共和国行政诉讼法释义》，法律出版社 2014 年版，第 223 页。

④ 参见最高人民法院行政裁定书，(2018)最高法行再 128 号。

⑤ 参见张道文、陶仁等诉四川省简阳市人民政府侵犯客运人力三轮车经营权案，最高人民法院指导案例 88 号(2017 年)。

⑥ 参见最高人民法院行政判决书，(2019)最高法行再 134 号。

四、行政检察监督中禁止不利变更与全面审查的冲突

仅从概念和原理上看,禁止不利变更原则与全面审查原则之间就存在严重的互斥对立。在行政诉讼中如何确定两者之间的顺位,一直存在认识分歧。行政检察的独特定位,使两项原则之间的冲突尤为明显。

(一)优先适用禁止不利变更原则有悖于检察职能定位

表面上看,类比行政复议、行政诉讼中的相关规定,在行政检察中适用禁止不利变更原则符合当事人申请监督的心理预期。但是,如果检察机关在审查过程中发现申请人获取了不当利益或者存在违法情形,却故意不予回应,就会与职能定位相背离。虽然审判活动也有全面审查的要求,但是呈现出的监督效果往往是“不全面”的。一方面根据“不告不理”原则的要求,法院不能主动介入行政纠纷中;另一方面受到“禁止不利变更”的掣肘,裁判结果无法直面深层矛盾,最终落入形式上全面审查的泥淖之中。

基于法律监督机关的宪法定位,行政检察监督必须在行政审判监督的基础上进行增强补位。《监督规则》修订时,首次明确了调查核实的方式以及对妨碍调查核实的处置措施,增强了调查核实权的刚性,目的就是让全面审查真正成为行政检察的职能优势。行政检察中的全面审查必须是行为意义和结果意义上的统一,才能在逻辑上自洽。如果审查范围全面铺开后,在监督举措上却因“禁止不利变更”而束手缚脚,只能选择性监督,全面审查就失去了意义,检察监督也体现不出自身的独特价值。

此外,当行政机关作为监督申请人时,检察机关经审查后发现行政机关违法行使职权的,如果在禁止不利变更原则的裹挟下选择无动于衷,也有负于检察机关开展行政违法监督的重大使命。

(二)绝对适用全面审查原则将影响行政检察的发展局面

行政检察监督已是当事人在诉讼框架内寻求救济的最后防线,如果不考虑具体情形和个案差异,机械执行全面审查原则,对发现的违法事实和程序瑕疵一概予以纠正,同样会滋生新的问题。

一方面,全面审查可能会挫伤当事人的积极性,制约行政检察的发展。近年来,各地检察机关正大力推进大数据法律监督模型探索,以提升依职权监督的水平,然而当前行政检察的案件来源仍然主要依赖当事人申请。如果全面审查导致申请人承受了更加不利的后果,其他申请人就难免心存顾虑,在这种情境下,会进一步加剧行政检察线索发现难的现实困境,不利于行政检察功能效用的有效发挥。

另一方面,全面审查可能导致矛盾积重,甚至转移到检察机关。申请检察监督的案件普遍存在案件周期长、争议大、矛盾深等特点,有些行政行为可能确实存在违法情形,但是当事各方已经就此形成了相对稳定的社会关系,甚至相对人也从中受益。如果检察机关对监督申请不能保持一定程度的容忍,让申请人一律返还因错误法律关系的获益,不仅无助于消解已有矛盾,甚至增添额外的不稳定因素,将矛头引向检察机关,也与行政

检察"案结事了政和"的目标背道而驰。

五、禁止不利变更原则与全面审查原则的适用规则

行政检察中禁止不利变更与全面审查的冲突已在所难免,为了统一审查标准,可以借鉴德国法学家阿列克西提出的"冲突规则"理论,即原则间冲突的解决要适用比例原则。[①] 通过对两项原则背后的法益进行衡量,确立一个基本的价值顺位,再保留在个案进行修正的余地。

(一)坚持全面审查原则的优先顺位

笔者认为,行政检察应当立场鲜明,优先适用全面审查原则,但是不排除在特殊情况下借鉴禁止不利变更原则,采取更为灵活的处理方式。具体理由如下:

1. 从职权法定的角度来看,检察监督应优先适用成文法原则。检察机关开展监督工作不能脱离法定职能,即职权法定。而职权法定又有两层含义:一是法律未明确授予的职权不能行使,不得超越职权;二是必须全面、尽责地履行其职权,不能遗漏职权。全面审查和禁止不利变更虽然同为法律原则,但是前者经过归纳提炼后得以在司法解释中明文规定,属于"成文法法源",后者仍然以学说、理念的形式呈现,并未得到法律的正式承认,甚至还存在相当大的争议,属于"不成文法法源"。一般而言,当发生法源选择的难题时,成文法法源优先于不成文法源。这既符合人类的认识论规律,且可以简化法源选择的复杂性,避免法律适用无谓的论证之累。[②] 既然正确适用法律是职权法定的应有之义,那么在行政检察中就应该优先适用列入成文法的全面审查原则。

2. 就检察监督的性质而言,强调监督功能多于救济功能。与民事诉讼以针对原告诉讼请求,解决纠纷为目的有所不同,行政诉讼是客观诉讼,其主要目的是审查被诉行政行为是否合法,监督行政机关依法行政。[③] 对《监督规则》第 2 条的内容分析研究后可以发现,行政检察的六项任务之间存在一定的层次,其首要任务是"监督人民法院依法审判和执行、促进行政机关依法行政",而非"保护公民、法人和其他组织的合法权益"。与审判活动相比,行政检察中监督的意味更重于救济。也可以认为,对当事人进行救济是监督过程中附带性或者次要性的任务。当事人的监督申请正如举报之于侦查,并不必然启动检察监督程序,既不能限制检察机关审查的方向,更不能决定最终的监督结论。

3. 检察监督应当恪守客观公正,不宜预设倾向性立场。客观公正立场是检察官的基本立场。在行政检察监督中,行政机关、相对人和第三人都有可能成为申请人,检察官只

① 参见吕润生:《个案情形下的法律规避如何判定?——基于阿列克西法律原则理论的研究》,载《法理》2018 年第 4 期。

② 参见舒国滢:《法律原则适用的困境——方法论视角的四个追问》,载《苏州大学学报》2005 年第 1 期。

③ 郭修江:《以行政行为为中心的行政诉讼制度——人民法院审理行政案件的基本思路》,载《法律适用》2020 年第 17 期。

有平等对待申请人与其他当事人，理性看待案件事实，方可客观、合理地平衡与关照各方利益，从而更好地代表与维护国家利益和社会公共利益（以下简称“两益”）。检察监督的落脚点是解决违法问题，而不是发现更多问题。虽然目前监督线索仍主要依赖当事人申请，但若是片面考虑维护申请人的积极性，并以此为由将申请人豁免于监督范围之外，就无法通过纠偏真正解决问题，否则可能本末倒置，最终伤害检察监督的权威和形象。

（二）适当考虑禁止不利变更原则

行政监察监督应综合考虑当事人申诉权利和检察机关能动监督的平衡，如果不存在需要救济的实体权益，可以适当考虑禁止不利变更原则。适当考虑有两方面的含义。一方面，适用禁止不利变更涉及公权力的妥协和让步，必须以不损害“两益”和他人合法权益为前提，否则就属于依职权监督的范畴，与是否申请监督没有必然关联。另一方面，如果申请人存在不当得益或者轻微过错，但是启动监督后无法明显弥补“两益”或者可能导致程序空转的，参照禁止不利变更的精神，可以不予监督。仍以本文开篇的两种情形为例，申请人在超出起诉期限时获得的诉权，也是一种不当得益，如果裁判结果实体上并无不当，启动审判程序违法监督只会徒增诉累，也不符合诉讼效率原则；申请人虽然获得了超标准的征收补偿，若因强制拆除等原因也遭受了其他损失，如果超额补偿超出损失的幅度不大，也不适合开展监督，这既是对信赖利益的尊重，也体现对现有稳定秩序的维护。在参照禁止不利变更原则不予监督的同时，可以通过促成和解推动争议化解，必要时给予一定的司法救助，以达到定分止争、钝化矛盾的监督效用。

检察公益诉讼社会助力协同体系研究

王小刚*

摘要：检察公益诉讼社会助力协同面临“功能悬浮”问题，组织结构零散、目标认知偏差、协助行动浅表等现象不同程度存在。公益诉讼权能天然的公共属性和社会治理目标，以及面临的监督“瓶颈”和专业能力依赖，决定检察公益诉讼绝不只是单纯的检察权运作，依赖于公益保护各主体之间的目标协同、行动协同和制度协同。深化公益诉讼实践、释放社会治理效能是完善助力协同体系的关键和基础。因势而动推进建设“多方参与、共治共享”的公益诉讼社会治理共同体，因地制宜搭建系统共享的对话和治理专业化平台，逐步形成稳定的，更加成熟、更加定型的公益诉讼助力协同体系。

关键词：检察公益诉讼　助力协同　社会治理共同体　体系

2023年年初，最高人民检察院张雪樵副检察长在《行政法学研究》刊发专稿中提及构建公益诉讼社会助力协同体系。[①] 在第二次全国检察机关公益诉讼检察工作会议上，张雪樵副检察长再次强调要健全完善公益诉讼检察监督体系、质量标准体系、公益诉讼助力协同体系、检察技术支持体系、公益诉讼基本理论体系等，推动检察公益诉讼立法。[②] 公益诉讼是协同之诉，协同性是公益诉讼重要属性之一。公益诉讼社会助力协同体系是公益诉讼制度完善的重要方面，也是现代化法律监督体系的不可或缺的“外挂”构成。而从更为宏大视野观察，社会助力协同体系的构建完善不仅是检察范畴的探索，更是健全共建共治共享的社会治理制度，推进国家治理体系和治理能力现代化的重要法治路径。

一、公益诉讼社会助力协同的多元探索

检察公益诉讼制度正式实施六年来，检察机关在公益诉讼社会助力协同方面进行了

---

* 王小刚，江苏省建湖县人民检察院党组成员、副检察长。

① 参见张雪樵：《完善公益诉讼制度　推动中国式现代化》，载《行政法学研究》2023年第2期。

② 参见闫晶晶：《推动公益司法保护“中国方案”更加成熟定型》，载《检察日报》2023年3月31日，第1版。

多元的探索，初步形成并发展壮大了检察公益诉讼的“同盟军”，协力推动公益保护向纵深推进。主要有以下六个方面的实践：

第一，试点推广代表建议、政协提案与检察建议衔接转化。该项衔接转化机制最先由山东省青岛市崂山区检察院探索，被最高人民检察院（以下简称最高检）吸收，在长江经济带和黑龙江、青海等 16 个省进行试点推广。制定出台的《人民检察院公益诉讼办案规则》，则将人大代表、政协委员转交的案件线索，明确纳入公益诉讼案件线索来源之一。将人大监督、政协民主监督与检察监督进行双向对接转化，是我国不断发展全过程人民民主，将多元监督治理、精准互动联络贯通融合，形成合力的一个“范例”。该项机制将宪法法律赋予的监督权进行叠加运用，聚焦人民群众关心关切的问题展开合力监督，既解决了公益诉讼线索发现难、检察建议质效低的问题，也促进解决了代表建议、政协提案落实虚化问题。

第二，与政府部门之间建立有效的协调协作机制。近年来，最高检先后与生态环境部等国家部委、机构搭建系统务实、有效管用的协调协作机制。比如，《关于在检察公益诉讼中加强协作配合依法打好污染防治攻坚战的意见》等。协作意见有效建立会商研判、线索移送、调查取证、案情通报等协作机制，并推进了信息共享、技术协作和业务交流。如与水利部印发《关于建立健全水行政执法与检察公益诉讼协作机制的意见》，明确检察机关可聘请水行政执法人员或水利专家为特邀检察官助理，协助办理相关案件。笔者所在江苏省建湖县人民检察院即在办理一起长江特大非法采砂案中，在水利部门特邀检察官助理的协助下，提起该省首例环境资源领域惩罚性赔偿公益诉讼。[①]

第三，与中央统战部和各民主党派中央共建“益心为公”志愿者检察云平台。“益心为公”检察云平台是最高检组织研发的一个志愿者互联网在线平台。2021 年 7 月，最高检在湖北、浙江等地部署首批试点。2022 年 2 月，为更好服务保障长江经济带战略，配合民主党派中央开展长江大保护民主监督，在沿江 10 省市部署第二批试点。2022 年 7 月，最高检联合中央统战部、各民主党派中央正式启动平台。民主党派成员以公益诉讼志愿者的身份，通过平台提报线索，专业咨询、检察听证、跟踪观察等，以民主监督助力检察监督。试点以来，全国已注册志愿者 2 万余人，提报线索 3000 多条。各试点检察院通过平台邀请志愿者参加协同活动 4000 余次，[②]有效弥补检察公益诉讼办案力量不足、专业知识欠缺等问题。该平台已经成为检察公益诉讼践行全过程人民民主的一个生动缩影。2023 年 3 月，在全国全面推开。

第四，与社会团体建立协作互动关系。近年来，最高检与工会、共青团、妇联、残联等

---

① 该案入选 2022 年最高检、水利部联合发布的涉水领域公益诉讼典型案例，载最高人民检察院官网，https://www.12309.gov.cn/12309/gj/zdajxx/202206/t20220609_spp559469.shtml。

② 转引自《做好新时代公益诉讼检察新闻发布稿》，载最高人民检察院官网，https://www.spp.gov.cn/spp/c107228chdfgmcggeqcnpgbshkfhvbehkvkggbtrdknsecdkvppnbsmfrmq/202302/t20230227_604215.shtml。

群团组织之间也建立起良性互动的协同合作关系，加强了线索移送、信息共享、联合调研、专业支持等常态化联络，共同发布典型案例，有力促进检察公益诉讼融入对特殊群体的特殊保护网络。特别是携手中国残联开展无障碍环境建设公益诉讼，标本兼治，共同促进解决这个“老大难”问题。其他社会组织也为检察公益诉讼链接各方资源、提供专业服务等方面发挥积极作用。特别是消费、环境等领域民事公益诉讼中通过提起诉讼，直接起到了特殊的专业作用。在民事公益诉讼的制度创设中，也通过检察机关的“诉前公告”“支持起诉”制度，为互动协作提供有效方式。尽管对原告主体有严格限制，消费者协会、环保联合会等政府、非政府社会组织仍提起大量具有典型、示范、引领意义的公益诉讼。

第五，建立并推广公益诉讼公开听证、行政机关专业人员兼任检察官助理（又称特邀检察官助理）等制度机制。2020 年，最高检下发《关于做好公益诉讼案件办理中开展公开听证工作的通知》。公益诉讼检察公开听证工作在整体检察听证制度的基础上建立并推广，可以说是起步晚、进步快。[①] 公开听证在促进社会公众参与公益诉讼，解决诸多领域专业性问题，确定行政机关法定职责、确认公益损害和违法行为以及整改成效判断上，具有十分重要的积极意义，是公益诉讼社会助力协同的一个重要方面。2021 年，最高检下发《行政机关专业人员兼任检察官助理工作办法（试行）》，也是一项重要制度创新。从最高检的内部通报看，2022 年以来，特邀检察官助理辅助办案共计 36878 件，其中公益诉讼案件 20739 件，占比过半、达到 56.2%。[②] 通过深化监督协作机制，“桥梁纽带”作用日渐凸显。

第六，初步探索运用社会化的技术支持。检察公益诉讼覆盖社会生活方方面面。单纯检察系统内的技术支持，远远不能满足实践需求，公益诉讼在很大程度上依赖专业的第三方社会力量。2019 年，最高检就曾与生态环境部、司法部就生态环境损害公益诉讼探索建立先鉴定后收费等机制，有效破解公益诉讼鉴定难、鉴定贵的问题。在 2022 年部署开展的“消”字号抗（抑）菌制剂非法添加化学药物专项监督中，最高检技术信息研究中心专门研发检验方法并形成技术规范供第三方检测机构参考适用，较好满足各地的大批量样品检测需求。在“南四湖”专案中，则专门成立了技术分组提供全方位技术支持。中科院空天信息创新研究院通过运用卫星遥感技术，帮助排查案件线索问题 84 件，做到“有图有真相”，成为案件线索的重要来源。[③]

此外，最高检在 4 家高校共建检察公益诉讼研究基地。郑州大学专门开设了公益诉讼法学课程，并设置硕士研究生招生方向。从法学教育和法学理论研究角度助力公益诉

---

① 参见刘东斌：《检察公益诉讼听证工作的探索和完善》，载《公益诉讼检察实务培训讲义》，法律出版社 2022 年版，第 114 页。

② 参见最高检印发《关于全国检察机关聘请行政机关专业人员兼任检察官助理工作情况的通报》。

③ 参见刘家璞、于琰峻、王浩：《最高检为什么盯上“南四湖”》，载《检察日报》2021 年 9 月 2 日，第 7 版。

讼。各地也开展了主动的探索，包括选聘公益观察员、“公益诉讼 + 网格”、开通网络“随手拍”平台以及公开宣告、现场送达，等等。比如，辽宁省检察院在主流媒体开通公益诉讼“问需”通道；上海市检察院制定案件举报奖励办法，引导鼓励社会公众提供公益损害线索。[①] 这些基于实践需求的探索，有力推动了公益诉讼实践的逐步深化、拓展。

二、公益诉讼社会助力协同基层实践中的“功能悬浮”问题

检察公益诉讼制度正式确立以来，办案规模呈现快速增长态势。据最高检新闻发布数据统计，2022 年全国检察机关共办理公益诉讼案件 19.5 万件。[②] 公益诉讼的办案质效持续提升，社会影响持续扩大。但从基层实践层面客观冷静观察，重公益诉讼办案、轻社会助力协同问题十分突出，公益诉讼社会助力协同体系尚未全面系统构建并发挥实际效用。

（一）组织结构零散，缺乏有机整合

现有公益诉讼社会助力协同的实践探索普遍为横向的业务联系，更多依赖各方成员的主观能动性、社会责任感。尽管采用文件规定等方式进行固化，但仍然是一个并不稳固的“弱”组织体。特别是对基层检察院而言更多的是基于办案需要的“偶尔”联系，加之各相关功能主体“组织分散”“行动分散”，协同跨度大且随机性强，与协同主体之间未形成成熟而稳定的供需对接、内在协同关系，更远未能实现完全的规范化和真正的体系化，最终所呈现的作用是低效率的。

（二）目标认知偏差，缺乏有力引导

由于存在视角、站位的客观差异，各公益保护力量之间存在目标认知偏差，社会助力协同各方对公益诉讼制度存在不同方面、不同程度的认识误区。部分基层行政机关在期待合作的同时，又担忧诉讼追责，甚至在少数地方演变为排斥和抵触，互相封闭导致互相猜疑。少数志愿者对公益诉讼缺乏必要的知晓度，甚至将“公益”理解为“慈善”，遑论充分的支持度和参与度，绝大多数志愿者处于“沉睡”状态。

（三）协助行动浅表，缺乏有效联系

公益诉讼社会助力协同有力促进了公益诉讼实践的不断深化。但绝大多数社会力量，特别是普通志愿者基于各种主客观因素，多数未能提供符合公益诉讼所需的深层次、无间隙的助力协同。检察机关与助力协同各主体之间也未能形成有效融合，催化化学反应和复合效应。助力不够、协同不力和“两张皮”是普遍现象，甚至在一些地方还有“表演式”听证，“逆向”提供线索等问题。一些地方大量招募志愿者、观察员等，但缺乏足够的

---

① 《最高检发布检察机关全面开展公益诉讼五周年工作情况》，载最高人民检察院官网，https://www.spp.gov.cn/xwfbh/wsfbt/202206/t20220630_561637.shtml#1。

② 《2022 年全国检察机关主要办案数据》，载最高人民检察院官网，https://www.spp.gov.cn/xwfbh/wsfbt/202303/t20230307_606553.shtml#1。

机制“黏性”,“对面相逢不相识”的现象并不鲜见。各地不少助力协同机制停留在“纸面上”,仅仅是“建立”但远未“见效”,未能有效转化为实际的治理效能。

三、检察公益诉讼社会助力协同体系构建的可行性和必要性

(一)公益诉讼制度天然的公共属性和社会治理目标

区别于西方的公益诉讼对抗性的制度逻辑,我国的公益诉讼制度是协同性的。[①] 检察机关作为国家机构的组成部分,天然地具备代表公益的资格。[②] 但客观而言,检察机关并非唯一的公益保护主体,更非首要保护主体。在现代国家治理体系中,公共利益的代表者呈现出多主体、多中心、多层次的趋势,非政府组织、非营利组织、私营企业、公民组织、社区组织以及国际组织都可能因法律授权而成为公益代表。[③] 而我国检察机关在党委领导下,与人大、政府、政协等国家机关以及社会组织等共同构成了我们国家相对完整、系统的公共保护体系。即便通过公益诉讼履职,公共利益得到了有效保护,也更多的是行政机关发挥的主要作用。毕竟检察公益诉讼仅仅是一个问题发现和程序启动机制。

检察公益诉讼“以诉的形式履行法律监督本职”作为其职能定位,具有法律监督的一切属性。但在公益诉讼的具体制度设计中,通过诉前检察建议,检察机关与行政机关形成了既依法督促又协同履职的新型监督关系,是以法治为路径的督促之诉、协同之诉,而非以威权为背景的追责之诉。公益诉讼并非以单纯追求胜诉,而是以问题的整改为目标,更多是以“保护者”而非“监督者”的定位出现,其目的都是通过社会治理,维护国家和社会公共利益。这就为多方的相向而行、取长补短、互动协作创造了空间。检察机关在具体个案中会面临诸多治理难点、堵点,线索发现、调查核实、整改纠正均依赖社会助力协同,特别是行政机关的支持配合,否则会陷入“寸步难行”的境地。

(二)公益诉讼实践面临的监督“瓶颈”和专业能力依赖

随着公益诉讼案件范围的不断拓展,检察机关的公益诉讼办案领域逐步扩张,从制度创建之初的“摸着石头过河”逐步走向“深水区”。但与之对应的公益诉讼资源配置却未能得到同步增长。短缺的人员配置极大地限缩了公益诉讼的规模和质效提升。在一些地方出现类似于“猴子掰玉米”的碎片化办案、浅层次治理问题,对特定领域案件进行简单的低水平重复,甚至形成惯性思维和路径依赖。在另一些地方,也尝试走向数字检察新路径。但数据互联贯通是数字检察的基础,公益诉讼所需的行政数据量大面广,呈现明显“条块分割”特征,用一个形象的比喻就是“烟囱林立”。检察机关身处数据“茧房”之中。如果与其他公益保护者之间存在割裂、对立而非协同、合作的关系,则会导致

---

① 参见胡卫列:《国家治理视野下的公益诉讼检察制度》,载《国家检察官学院学报》2020 年第 2 期。

② 参见谢鹏程:《论法律监督与公益代表——兼论检察机关在公益诉讼中的主体地位》,载《国家检察官学院学报》2021 年第 1 期。

③ 参见张方华:《国家利益和公共利益的达成》,载《中共福建省委党校学报》2019 年第 5 期。

更为严重的数据封闭。

国家和公共利益覆盖社会生活各方面。检察官面对的法律法规浩如烟海,面对的专业领域综合交叉,存在对专业知识的极度渴求,一些案件还需要通过测绘、勘验、鉴定、评估等获取科学数据对公益损害情况作定性定量分析。单纯依靠检察官的知识储备,显然是一种纯理想的状态。正如张雪樵副检察长在“益心为公”检察云平台试点工作推进会上所讲:“虽然我们有以‘我管促都管’的意识,但时常陷入‘我不懂凭啥管’‘怎样管’的窘境。不同领域的公益保护需求复杂多样,检察人员办案专业知识严重不足,并且相当长的时期内无法依靠自身解决。”这需要围绕检察公益诉讼建立一支辅助性的专业队伍,或者建立长期的协同合作关系,帮助检察官消除专业领域知识盲区,弥补专业领域知识不足。①

四、检察公益诉讼社会助力协同体系的基本构成

协同性是指“一种存在于复杂系统中的各个子系统之间的合作协调关系,且各个子系统之间良好的融合和相互作用能达到任何一个子系统单独运作所无法达到的效果或者目标”。② 协同治理核心要义包括治理主体多元化、治理过程协作性和治理效能最大化。③ 因此,助力协同不仅是单纯意义上的外部力量的“增加”和具体案件上的“帮助”,更有内在的协同,形成目标一致、结构稳固、运转流畅的集合体。

(一)主体协同

广义的公益诉讼社会助力协同,包括党委领导下来自国家机关、各民主党派的支持以及社会团体、社会组织的各方协同配合,再加上社会公众的广泛参与;从狭义理解,仅指社会协同和公众参与。公益诉讼社会助力协同体系应当从广阔的视野来理解、架构,才能形成开放、宏观的格局。公益诉讼不仅是检察机关和法定社会组织的职责、权利,也是党和国家机关以及社会各界共同关注、共同参与的事业。④ 检察公益诉讼制度能够充分发挥效能,关键在于党的领导。党通过统揽全局、协调各方,调动形成公益保护合力,使社会主义制度优势在公益诉讼实践中得到更充分的彰显。笔者所在的建湖县人民检察院,即率先探索公益诉讼“领导出题、检察答题、群众阅卷”的模式,使检察公益诉讼更好贴近中心、服务大局,更构建起党委领导、政府支持、各方助力协同的公益保护“同心圆”。

(二)目标协同

检察公益诉讼是典型的复合型制度,在检察司法制度的“外壳”下,本质上是一项国

---

① 参见周军、程天民:《做好公益诉讼检察的实践与思考》,载《检察日报》2021 年 2 月 25 日,第 7 版。
② [德]赫尔曼·哈肯:《协同学:大自然构成的奥秘》,凌复华译,上海译文出版社 2005 年版,第 25 页。
③ 参见陈静、陈成文:《协同治理:市域社会治理现代化的目标取向》,载《贵州师范大学学报》2022 年第 5 期。
④ 参见胡卫列:《国家治理视野下的公益诉讼检察制度》,载《国家检察官学院学报》2020 年第 2 期。

家治理制度。与社会助力协同各主体在价值理念和利益诉求上存在目标的高度一致性。但在短期目标、任务和具体保护方式、手段上，各方观点却并非完全一致。面对具体公益损害问题，行政机关、社会组织在资源有限的情况下，会有轻重缓急的区分。与社会公众之间也需要确立一致的目标，方能形成一个相对稳固的共同体，否则只能成为“一盘散沙”。可以说，公益诉讼社会助力协同体系的目标构建是一项基础性、关键性问题。在检察公益诉讼“双赢多赢共赢”理念之下，检察机关与社会助力协同各主体，需要找到一个契合点，共同推动受损的公益得到恢复。可以尝试将公益诉讼社会助力协同的重心确定在保护或者是治理，而非单纯意义上的监督，更非简单问责，努力凝聚共识，实现工具理性和价值理性的统一。

（三）行动协同

公益诉讼社会助力协同的体系结构在党委领导下呈现“一核多元”的状态，各个子系统相互之间是平等合作关系。检察机关仅是多元主体中的一个子系统，在具体到社会治理层面仍然存在诸多短板，与各方公益保护力量未能实现从理念到行动的协调一致，甚至会存在一些“梗阻”现象。在对接庞大的公益保护主体中，检察机关难以实现频繁互动去平等协商、消融分歧、争取合意，在很大程度上影响了公益保护行动的一致性。社会助力协同体系毕竟不是层级分明、令行禁止的行政系统，也不是各种公益保护力量的机械整合叠加，而是平等、信任、互动型的合作关系，需要检察机关在实践中畅通协调合作关系的构建，通过对话、沟通、协商促进各方突破认识的“藩篱”。

（四）制度协同

制度协同程度决定了公益诉讼各子系统之间的作用状态和协作程度。但检察公益诉讼内部纵向制度，以及与行政部门、社会主体之间外部横向制度兼容性和协调性不足，前者侧重于监督违法，而后者更多侧重于支持履职，两者存在一定模糊地带。制度是博弈结果的固化，在很大程度上是对“理想”状态“宣示”功能，与公益保护需求存在一定程度上的割裂。加之不同子系统之间对“公益优先”，还是“民生优先”等的关键问题的理解存在差异，面对重大疑难复杂问题容易产生认识上的争议和分歧，甚至行动上的相互脱离、背离。要强化公益诉讼内部纵向制度和外部横向制度之间的兼容性、协调性，避免制度虚化或是冲突，以解决复杂问题、实现共同目标，为多元主体的互动协作提供制度支撑。

五、检察公益诉讼社会助力协同体系的整合构建和路径规划

（一）深化公益诉讼实践、展现独特制度价值是基础和关键

公益诉讼社会助力协同体系的整合构建需要构建法治权威，但法治权威更多应当通过深化实践获得，基于检察建议和公益诉讼起诉书本身的说服力。检察机关要始终坚持深化实践，从重形式向重实效转变、从重数量向重质量转变，更多办理有影响力的示范案

件和典型案件,最大限度体现公益诉讼制度独特价值和效能。当前,公益诉讼检察正逐步由过去的高增速发展转向质量效益优先的高质量发展。只有以高质效的案件办理,解决传统治理方式解决不了的难题,实现传统治理方式实现不了的效果,才能消除质疑和犹豫,获得社会广泛认同,激活各类社会助力协同平台的主动性和积极性,进而整合全部的社会支持力量。

(二)因势而动系统推进建设“多方参与、共治共享”的公益诉讼社会治理共同体

现代社会治理与传统社会管理相比,一个重要的特点就在于多元主体的参与。[①] 可以借鉴未成年人检察社会支持体系,通过“益心为公”检察云平台,广泛吸收或链接公益保护力量,推进公益诉讼社会治理共同体建设,持续扩大公益诉讼的公众参与。在实现多元主体参与的基础上,按照专业知识背景和身份、职业、年龄等差异,推进组织结构网络化,打造多方位、深触角、无缝隙的公益保护网络,将单一、线性、封闭的监督型治理结构向多元、网状、开放的保护型治理结构转变。当然“多元”主体并非不设门槛、过度追求人数规模。关键在于质量上的“精”,有足够的能力和精力参与公益保护。检察机关也有足够的能力和精力保持互动和黏性。此外,除了现有政策协调机制和助力协同平台外,可以深化现有行政机关专业人员兼任检察官助理制度,探索在行政机关设立公益保护专员,负责与检察的沟通对话、侧重对检察建议的整改落实,实现嵌入式的保护和治理。

(三)因地制宜搭建系统共享的对话和治理专业化平台

单纯依赖基层检察机关公益诉讼部门,难以实现对公益保护力量的统筹、高效使用,更多只是具体个案上的借力,很难形成公益保护的整体、协同效应。有必要结合各地情况,以公益诉讼志愿者之家等必要的“司法转介”形式,来统筹链接和柔性整合社会助力协同子系统,推进社会治理的手段从平面化向网络化转变。条件成熟时,可以进一步整合资源,在各类“志愿者之家”的基础上,探索推进公益保护中心等社会组织的建立。一方面,解决基层检察机关资源有限难题,配合承担公益诉讼的社会事务,让检察官更多专注于案件的调查、审查;另一方面,通过搭建公益保护主体共享共用的对话和治理平台,吸收多元主体和专业力量参与,提高志愿者队伍的归属感,扩大公益保护社会认同感和影响力,推动从单一司法制度向社会治理功能的全面提升转变。

(四)在深化实践探索基础上逐步形成稳定的,更加成熟、更加定型的公益诉讼助力协同体系

过去,来自全社会的支持力量,是推动检察公益诉讼快速发展的力量源泉。未来,公益诉讼的“益路前行”,仍然离不开各方面的“益路相伴”。目前,公益诉讼立法已经提上

---

① 参见张志鹏、张伟:《完善社会协同的公共卫生治理体系》,载《南京工程学院学报(社会科学版)》2020 年第 1 期。

了议事日程。无论是公益诉讼法或者是检察公益诉讼法,作为一项共建共治共享的社会治理制度,社会助力协同是公益诉讼必不可少的组成部分。未来,有必要在公益诉讼专门立法中设计"社会助力协同"条款,明确国家机关的支持配合和社会团体、社会公众的协同参与等,将实践中的成功经验以法律的形式加以固化。

未成年人“两法”实施中的检察监督责任研究

——以公益诉讼检察监督责任为视角

江苏省南京市人民检察院第八检察部课题组*

摘要：检察机关行使未成年人公益诉讼职权具有法定性、程序性、有限性的特点，通过公益诉讼切实履行法律监督职责，顺应了改善未成年人成长发展环境的要求，注重未成年人合法权益维护的全面性，实现国家对未成年人保护的最终责任。实践中，未成年人公益诉讼检察监督存在范围界定不明晰、线索发现渠道少、调查取证难度大、监督对象有争议等困境，检察机关应当关注与未成年人密切相关的领域，稳妥拓展涉及侵害未成年人公共利益的公益诉讼范围，深化对外协作，在健全线索发现机制、破解调查取证难题、提高检察建议精准度，发挥监督职能的同时，更加注重对未成年人的综合司法保护，进一步强化固本强基、融合履职、协同协作，提升未成年人公益诉讼检察监督质效。

关键词：未成年人保护　公益诉讼　公共利益　监督责任

新修订的《未成年人保护法》和《预防未成年人犯罪法》（以下简称“两法”），进一步完善了未成年人保护和犯罪预防工作体系，翻开了未成年人保护崭新的一页。当前，国际形势深刻变化，我国经济社会发展面临的风险性、不确定性增加，未成年人保护工作的难度不断加大，涉及未成年人的公共利益损害案件时有发生。检察机关作为国家法律监督机关，如何积极发现公益侵害线索，坚持全方位保护未成年人公共利益，亟待研究解决。

---

* 课题负责人：徐莉，江苏省南京市人民检察院第八检察部主任。课题组成员：钱瑞振，江苏省南京市溧水区人民检察院副检察长；简婷，江苏省南京市溧水区人民检察院检察官助理；刘艺，江苏省南京市溧水区人民检察院检察官助理。本文系南京市人民检察院2022年度检察理论研究重点课题“未成年人‘两法’实施中的检察监督责任研究”的部分研究成果。

一、深刻认识未成年人公益诉讼检察监督责任的内涵与功能

(一)未成年人公益诉讼检察监督责任的内涵

《未成年人保护法》第106条的规定,为检察机关开展未成年人公益诉讼提供了法律依据,即未成年人合法权益受到侵犯,涉及公共利益的,人民检察院有权提起公益诉讼。在我国,检察机关作为国家法律监督机关,检察履职贯穿未成年人司法保护全过程,在未成年人保护大格局中肩负重要使命。《未成年人保护法》第105条、《预防未成年人犯罪法》第60条均明确了检察机关通过行使检察权,对涉及未成年人的诉讼活动以及未成年人重新犯罪预防工作进行监督。"两法"新修订的条文明确了检察机关开展法律监督范围不应局限于对涉未成年人诉讼活动的监督,检察机关行使未成年人公益诉讼职权,坚持督导而不替代,注意把握履职边界,重在效果,是维护国家法律制度和未成年人公共利益的需要,也是法律监督的应有之义。

其一,未成年人公益诉讼检察监督具有法定性。检察机关行使公益诉讼职权由法律授权,需在法律规定的范围内,通过法律规定的检察权行使方式,依照法定程序进行监督。"两法"明确了检察机关对涉未成年人诉讼活动等、犯罪预防工作等的监督,以及检察机关提起公益诉讼的法定范围和法定程序。

其二,未成年人公益诉讼检察监督具有程序性。在以审判为中心的司法体制中,检察机关履行未成年人公益诉讼检察监督职责,通过制发检察建议、提起公益诉讼等方式进行监督,实质只是启动公益诉讼程序,并未直接作出实体处理,需要依赖行政机关依法行政、法院裁判等实现最终目的。

其三,未成年人公益诉讼检察监督必须坚持有限性。未成年人检察公益诉讼既要符合公益诉讼的一般监督属性,更要契合未成年人群体的特殊性,尊重未成年人的成长规律。① 虽然"两法"明确了检察机关行使检察权进行监督包括涉未成年人诉讼活动等、犯罪预防工作等,"等"字具有解释和探索的空间,但并非毫无限制。行使未成年人公益诉讼检察监督权,不仅需要存在未成年人合法权益受到违法行为侵犯的事实,且需涉及公共利益的实质。

(二)未成年人公益诉讼检察监督的功能

法律的生命力在于实施,而确保法律实施的关键在于严格有效的监督。检察机关对于涉及未成年人公共利益的法律监督,目标指向对违法行为的责任追究,根本目的在于未成年人保护相关法律的正确执行和适用。因此,未成年人公益诉讼检察监督具有维护国家法律制度和未成年人合法权益的价值功能。

其一,多元化维护未成年人群体的合法权益。未成年人案件涉及领域广泛,传统未

---

① 参见宋英辉、苑宁宁等:《未成年人保护与犯罪预防问题专题研究》,中国检察出版社2020年版,总序。

检单一维权思维、单纯刑事检察保护手段已不能适应未成年人权益保护的发展需要。[①]未成年人由于身心处于成长发育阶段，对自身权益是否受到侵害往往无法作出正确判断，难以依靠自身力量救济，检察机关履行未成年人公益诉讼检察监督责任实际上丰富了未成年人群体合法权益的救济途径。例如，南京市检察机关在办理张某等人侵犯公民个人信息案过程中，针对侵犯众多未成年人个人信息的情况，在指控侵犯公民个人信息犯罪的同时提起刑事附带民事公益诉讼，使侵权人承担赔礼道歉、删除信息、惩罚性赔偿等民事责任，提高违法成本，均获法院判决支持，维护了未成年人个人信息权益。

其二，顺应改善未成年人成长发展环境的要求。随着现代社会的快速发展，网络游戏、网络直播、网络社交的普及，密室逃脱、剧本杀等新兴业态场所的出现，无不对未成年人所处的成长环境产生着影响。检察机关履行未成年人公益诉讼检察监督责任对改善未成年人成长发展环境具有积极促进作用。近年来，全国检察机关对网约房、电竞酒店、密室逃脱、剧本杀、点播影院等新兴业态领域，积极探索了涉及未成年人权益的检察公益诉讼，强化了全社会对新兴业态存在未成年人保护风险隐患、监管盲区的认识，推动各方协同共治。

其三，实现国家对未成年人保护的最终责任。《未成年人保护法》第 3 条第 1 款规定"国家保障未成年人的生存权、发展权、受保护权、参与权等权利"，"六大保护"的各个专章也均凸显了国家的最终责任。未成年人公益诉讼在本质上系弥补了未成年人保护行政治理的不足，有助于督促行政机关积极履行未成年人保护职责，契合了国家保护责任的主动承担与最终责任兜底。[②] 例如，江苏省宿迁市检察机关办理的禁止为未成年人文身公益诉讼案引起了国家和社会的广泛关注，推动国家形成了未成年人文身治理保护公共政策。

二、全面厘清未成年人公益诉讼检察监督现实困境

实践中，未成年人公益诉讼检察监督的方式主要集中在：一是聚焦未成年人保护重点领域，围绕校园及周边安全、校外培训机构整治、向未成年人销售烟酒、娱乐场所接纳未成年人等方面的突出问题，通过制发行政公益诉讼诉前检察建议、提起公益诉讼等方式得以实现。二是在刑事案件办理中发现线索，开展刑事附带民事公益诉讼。例如，在对食品药品、侵犯未成年人公民个人信息等刑事犯罪行为提起公诉的同时，一并提起民事公益诉讼，打击犯罪的同时维护未成年人公共利益。随着未成年人公益诉讼新领域探索的不断推进，检察监督过程中存在的问题和难点也逐渐显现，主要体现在以下几个

---

① 参见王中开、丰建平、丁彩彩：《基层检察机关加强新时代未成年人检察工作路径探析》，载《中国检察官》2021 年第 2 期。

② 参见刘艳红、阮晨欣：《未成年人检察公益诉讼泛化保护路径》，载《中国检察官》2021 年第 11 期。

方面：

（一）范围界定不明晰

侵犯未成年人公共利益是检察机关能否提起未成年人公益诉讼的必要前提。实践中，检察机关深入探索未成年人公益诉讼检察监督的过程中，对公共利益的判断尚无统一标准。对已经存在实际损害结果，如造成多名未成年人人身权益、财产权益受损，一般争议不大，可以认定对未成年人公共利益造成损害。然而，对实际损害后果暂未发生，存在现实侵害的危险性能否认定为侵犯公共利益，存在较大争议。例如，南京市检察机关在办理教育培训机构“关门跑路”系列案件中发现，国务院办公厅制发的《关于规范校外培训机构发展的意见》中规定，校外培训机构的收费时段应当与教学安排相协调，不得一次性收取超过3个月的费用。而南京的培训机构违反规定，一次性收取1年甚至更久的培训费用。虽然培训机构收取费用违反了该意见，但对于培训机构的违规收费行为是否侵犯公共利益，争议较大。一方认为，如果培训机构保持正常经营、提供服务，没有“卷款跑路”的情况，收取长期的培训费用并没有给消费者带来损失，就不存在公共利益损害。另一方认为，违反规定收取长期的培训费用，是剥夺消费者选择权的做法，已经导致不特定主体的利益受损，属于公共利益受到侵犯的情形。

（二）线索发现渠道少

未成年人权益保护信息发现难和报告难是“亟待克服的症结性问题”①。检察机关在开展未成年人保护工作时，面对涉及面广而获取公益损害线索的渠道有限的问题，大量侵害未成年人合法权益的案件并未进入司法保护的视野。实践中，一些未成年人及其法定代理人、近亲属维权意识不强，在权益遭受侵害后不愿意主动向司法机关申请维权。即使选择维权，未成年人及其法定代理人、近亲属也往往选择找主管部门维权、向公安机关报案的方式，不会直接选择向检察机关控告、申诉，而检察机关与行政部门的衔接又存在滞后性，导致未成年人公益诉讼工作普遍存在线索发现难、信息获取难等问题。例如，针对不良网络信息和游戏，一些未成年人及其亲属认为短期内未成年人的利益并未受到“损害”，因此，忽视了不良网络信息和游戏给未成年人传递的不良文化和错误价值观的影响，不会主动申请维权，即使维权也往往选择个人向网络服务提供者投诉，检察机关很难掌握此类侵犯未成年人公共利益的情况。

（三）调查取证难度大

在未成年人合法权益遭受侵害的案件中，未成年人个人及其家庭一般没有调查取证的能力，有时个人及家庭的经济实力、处理法律事务的能力也不足。根据《人民检察院公益诉讼办案规则》的规定，检察机关享有调查取证权。然而，检察机关调查取证在实际操作中存在不小的难度，由于检察机关调查取证不具有强制力，往往很难获得相关单位及

① 参见姚建龙、滕洪昌：《未成年人保护综合反应平台的构建与设想》，载《青年探索》2017年第6期。

当事人的配合。为有效固定证据，一些时候只能通过隐蔽拍摄等方式进行，一旦被发现，很难顺利进行。此外，通过隐蔽拍摄等方式获取的证据，证明效力也难以保证。例如，南京市检察机关在办理娱乐场所违规接纳未成年人的行政公益诉讼案件中，调查取证方向主要涉及两个方面：一方面是娱乐场所是否在显著位置张贴不允许未成年人进入的标识；另一方面是娱乐场所是否招用未成年人、允许未成年人进入消费。娱乐场所白天鲜少有人进入，为确保调查的有效性，案件承办人往往采取乔装打扮、隐蔽拍摄等方式取证，证据效力很难保证。

（四）监督对象有争议

很多时候，未成年人保护工作是多方参与、多方监管，不免会出现“人人有责”但“人人难尽责”的尴尬局面。特别是在行政公益诉讼中，法律规定较为分散、行业领域复杂众多，特别是新兴行业的出现、行政机关职能部门多头管理等情况，这给检察机关在提起公益诉讼时认定主管单位带来一定难度。以电竞酒店、点播影院、火锅 KTV、剧本杀等新兴业态为例，市场上多数的电竞酒店是按照酒店进行登记注册，其主要监管部门是市场监督管理部门，但提供互联网网上服务又属于文化行政部门管理。作为两项业务结合的电竞酒店如何管理、由谁监管，实践中存在较大争议。

三、着力提升未成年人公益诉讼检察监督质效的实践路径

随着检察公益诉讼工作的推进，未成年人公益诉讼案件呈现向多领域多行业延伸的态势。[①] 检察机关应当牢牢抓住“公共利益”这一核心，围绕法律监督职能，加大办案力度，防止新业态成为未成年人权益保障的灰色地带，以解决人民群众急难愁盼问题为导向，在每一项检察履职中感受到国家监护的温度、司法保护的力度。

（一）关注密切领域探索涉未成年人检察公益诉讼范围

《未成年人保护法》对未成年人检察公益诉讼的具体范围没有作出限定，检察机关应遵循立法精神，积极稳妥地进行未成年人公益诉讼新领域探索，重点关注与未成年人保护最为密切的领域。

一是福利政策领域。国家对于未成年人的一些特殊保护规定，是检察机关开展公益诉讼关注的重点，也是容易遗漏的领域。例如，《未成年人保护法》第 44 条规定的场所是否按照规定对未成年人免费或者优惠开放等，对于景区违反对未成年人的价格优惠政策的进行收费的情形提起民事公益诉讼，对涉及监管问题的可以开展行政公益诉讼。

二是校园及周边安全领域。各中小学校、幼儿园、校外机构的办学资质、校园建设、仪器设备、食堂餐饮安全、消防安全、周边交通设施等是否符合规定，是否按照规定收取

---

① 参见吴燕、余莉、顾丽琛：《未成年人检察公益诉讼新领域探索的实践与思考》，载《中国检察官》2021 年第 3 期。

费用等，往往涉及众多未成年人的身心健康和切身利益，应当予以重点关注。

三是社会保护领域。包含了未成年人"衣、食、住、行"多个方面，诸如未成年人食品、药品安全，旅馆、电竞酒店、酒吧、网吧等营业性娱乐场所的安全，玩具、文具、电子产品是否符合安全标准等，特别是社会生活出现的新业态，均是关注的重点。例如，南京市检察机关探索对电竞酒店、剧本杀、密室逃脱等新业态的监督，督促相关职能部门加强监管，维护未成年人公共利益。

四是网络安全领域。新修订的《未成年人保护法》中，新增了"网络保护"专章，对网络产品和服务提供者提出了要求，共同打造清朗、安全、健康、有益的未成年人网络空间，针对未成年人设置了使用时长、使用权限、打赏消费等功能管理的要求，但同时，这些方面仍存在侵犯未成年人公共利益的风险，属于未成年人公益诉讼检察监督的范畴。

（二）健全未成年人公益诉讼案件线索发现机制

其一，推动强制报告制度落细落实。市域检察机关应牵头辖区内相关单位、部门共同制定强制报告制度的实施意见、细则等，同时推进落实强制报告制度进网入格，联合政法网格员在全市网格加强广泛宣传，推动社会共治，畅通社区网格发现线索的渠道。

其二，加强与密切接触未成年人群体之间的联系。利用未检部门的天然优势，加强与家长、教师、医生等负有未成年人保护特殊职责、密切接触未成年人的群体的联系，便于线索信息的获取。例如，南京市检察机关联合教育部门，完成全市千余所中小学、幼儿园负责人签订《强制报告承诺书》，延伸法治进校园，并依托法治副校长、法治进乡村等活动，常态化进校园，易于从未成年人及其家长、老师处得到线索信息。

其三，建立观察员制度拓宽案源渠道。未成年人保护公益诉讼涉及社会的方方面面，检察机关需要深化内外联动和社会支持，可以聘任儿童督导员、儿童主任、妇女主任、社区网格员、学校老师、心理老师等作为"未成年人权益保护公益诉讼观察员"，发挥社会支持体系功效，建立常态化联系联动，开展履职培训，帮助观察员准确把握公益诉讼线索范围，通过线索发现，探索办理侵害众多未成年人权益的公益诉讼案件，促进未成年人保护全面落实到位。

（三）破解未成年人公益诉讼案件调查取证难题

《江苏省人民代表大会常务委员会关于加强检察公益诉讼工作的决定》，为强化检察机关公益诉讼调查取证权提供了江苏"样本"①，也为未成年人公益诉讼调查取证工作的开展提供了支撑。

其一，加强与行政执法部门的沟通协作。坚持"双赢、多赢、共赢"理念，在开展调查核实工作时，与相关行政执法部门进行及时有效的沟通，争取理解支持和配合。可以通过搭建疑难问题会商平台、签署合作协议等方式，统一认识、深化协作。

① 参见卢志坚、葛石烨、管莹：《公益诉讼"调查难"有了破解样本》，载《检察日报》2020年12月21日，第5版。

其二，明确调查核实权的范围。对于同一损害公共利益的行为，存在不同国家机关分别调查取证的情况，为避免重复工作浪费司法执法资源，检察机关可以强化检行协作、检警协作，共同参与行政执法调查或刑事侦查活动，对损害公益的情况一并进行调查，有效破解检察机关公益诉讼调查存在的“进不了门”的窘境。

其三，加强检察队伍专业素能建设。以实战实用为导向，开展精准化培训、专业化训练，通过专题培训、跨部门同堂培训、上派下挂等方式，强化未成年人公益诉讼专业知识，提升复合技能，培育优秀团队，为开展未成年人公益诉讼监督工作储备专业人才。

（四）提高未成年人公益诉讼检察建议精准度

其一，明确监督对象。在确定未成年人公益诉讼的监督对象时，要坚持精准监督原则。对于涉及多个公共领域或涉及多个机关和单位的，要尽可能避免制发的检察建议出现指向性不明、覆盖面不全等问题，在调查核实的基础上，精准抓问题，明确列出每个单位的具体问题及整改建议。

其二，借力专家外脑。未成年人公益诉讼的涉及面广且不乏专业领域，仅凭未检检察官单独之力，往往难以全面深入解决问题。因此，在加强对未检检察官专业知识的培训以外，可以邀请儿童保护、互联网、食品药品等不同领域的专家，组建专家咨询库，为办理未成年人公益诉讼案件提供技术和智力支持，并将专家意见作为认定公益损害、因果关系等关键要素的参考。例如，南京市检察机关在办理酒吧侵害未成年人权益民事公益诉讼案时，对于接纳、招用未成年人、向未成年人售酒等违法行为，是否符合检察机关提起公益诉讼的情形，是否可以提出惩罚性赔偿等问题，组织召开专家论证会。

其三，健全听证机制。对于案情复杂、存在争议、整改难度大的公益诉讼案件，检察机关可以组织听证会，同时可以邀请在领域内具有专业能力、经验资质的专家学者共同参与听证活动，提升听证结论的准确性、科学性。尤其是涉案问题存在不同的司法认识、涉及新业态领域或者社会关注度较高的案件，可以邀请专家学者、媒体、群众共同参与、旁听听证，必要时还可以通过现场直播、新闻发布等形式开展，提升未成年人公益诉讼工作的关注度和公信力。

（五）监督的同时做好未成年人综合司法保护工作

其一，以家庭教育指导强化家庭监护的第一责任。《未成年人保护法》明确了监护人不履行法定义务应当承担的法律责任，检察机关可以通过训诫、制发督促监护令等监护干预手段强化监护监督，通过联合专业力量开展家庭教育指导，切实督促未成年人父母或其他监护人履行监护职责。例如，南京市检察机关与妇联共建妇女儿童权益联动保护工作机制，就心理咨询、家庭教育指导等公益服务作出规定，并正式命名南京市首批亲职教育基地，率先在全省实现亲职教育全覆盖，督促监护人对未成年人权益遭受侵害的情况依法维权。

其二，丰富对未成年人的救济途径。检察机关在开展未成年人公益诉讼工作中，应当充分发挥职能优势，强化效果导向理念，通过构建多部门一体化救助平台，建立与教育、民政、社区等救助衔接的绿色通道，及时发现、转介线索，积极引入社会救助资源，争取资金、人员、技术上的支持，为未成年人适时提供法律援助、救助帮扶、行为矫治等全面综合司法保护。可以根据被救助人具体情况对症下药，建立“司法救助+”菜单模式，以现金救助为基础救助，根据被救助案件具体情况选配附加救助方式，选配就学、就医、就业等多种帮助形式。

其三，发挥法治教育和特殊预防双优势。针对在公益诉讼案件办理中发现的未成年人存在诸如娱乐场所消费、出入网吧等不良行为的，应当实现教育与预防同步。一方面，深化检校合作，组建法治宣讲团，发挥“法治副校长”“法治班主任”优势，通过以案释法等方式深入开展线上线下宣传教育，做好一般预防。另一方面，针对有不良行为的未成年人，特别是在校学生，通过构建未成年人检察社会支持体系，加强与专门学校的协作，强化及时干预和行为矫治。例如，南京市检察机关积极与专门学校合作共建，签署合作协议，以校园为主阵地开展在校学生矫治帮教工作，对有严重不良行为的未成年人矫治效果明显。

未成年人附条件不起诉制度的司法困境与完善路径

韩雪娇*

摘要：当前，在未成年人适用附条件不起诉司法实践中呈现出适用范围有限、禁止适用条件不明确、撤销情形模糊、精准帮教缺失等问题。借鉴域外有益经验做法，结合我国司法实践探索，通过合理拓展附条件不起诉的适用范围、明确在附条件期满后发现考验期内实施新的犯罪撤销不起诉、健全社会支持体系提高帮教针对性等方面予以完善，可以促进附条件不起诉制度发挥更大作用。

关键词：未成年人　附条件不起诉　适用条件　精准帮教

一、问题提出

《刑事诉讼法》在第五编"未成年人刑事案件诉讼程序"一章中明确规定了未成年人附条件不起诉制度，该法第282条、第283条、第284条明确规定了附条件不起诉制度的适用条件、考验期设置、附带处分和撤销条件。附条件不起诉制度是在检察机关对未满18周岁的犯罪嫌疑人移送法院审判前，将一部分实施轻罪与重罪的未成年人分流开来，体现"以教代刑"，准确实现了惩罚、预防相结合的刑罚目的。

附条件不起诉作为起诉便宜主义的一种具体表现形式，从地方试点到国家通过基本法予以确立，其产生具有"中国式"背景，秉持了"恤幼"的传统人文思想，贯彻了宽严相济的刑事政策。① 基于刑罚预防主义、起诉便宜主义以及恢复性司法理念而设立的附条件不起诉制度，"可以给更多的没有前科劣迹、主观恶性不大、偶尔失足且涉嫌罪行较轻的未成年犯罪嫌疑人尽早回归社会的机会，有利于及时有效地化解社会消极因素"。②

---

* 韩雪娇，江苏省淮安市人民检察院第七检察部副主任。

① 参见刘亚昌、王超：《论我国未成年人附条件不起诉制度的完善——以未成年人福利和正当程序为视角》，载《中国青年政治学院学报》2014年第3期。

② 童建明主编：《新刑事诉讼法理解与适用》，中国检察出版社2012年版，第259页。

回溯检察机关的十年司法实践，附条件不起诉制度在法律层面存在适用罪名、刑罚幅度、撤销条件、能否二次适用等方面尚无定论；在实践操作层面，也存在社会调查针对性不强，帮教精准性和有效性尚未落实到位。一方面，相关法律规定过于粗疏，制度供给不足；另一方面，我国现阶段相关社会组织整体发展水平较低，无法全面满足有效运行的需要。为此，有必要对附条件不起诉的制度设计进行相应反思，以弥合规范与事实之间的鸿沟，实现其价值追求。①

二、附条件不起诉制度在司法适用中的问题

一是可适用的罪名、刑期受限。《刑事诉讼法》将附条件不起诉的适用范围限制在《刑法》分则第四章、第五章、第六章，包括未成年人可能会触犯的侵害公民人身权利、财产权利以及妨害社会秩序管理等一系列罪名。但随着社会经济的发展，司法实践中逐渐出现未成年人触犯刑法分则第二章（侵害公共安全罪）、第三章（破坏社会主义市场经济秩序罪）中相关罪名，如“危险驾驶罪”“交通肇事罪”“信用卡诈骗罪”等。就正常逻辑而言，成年人涉嫌上述犯罪尚且有可能被判处轻缓刑，那么未成年人触犯上述罪名时，也均应可能适用附条件不起诉制度。但现行法律对于触犯了《刑法》分则中的第四章、第五章、第六章罪名以外的未成年人作“一刀切”式的绝对排除，一定程度上不利于司法资源的合理利用，也未充分发挥到此项制度的优势。② 因此，在实际办案中也有地方检察院经过各方征求意见和调查后，对涉嫌犯危险驾驶罪和交通肇事罪的未成年人破格适用附条件不起诉。例如，2015 年甘肃省肃南县人民检察院坚持“教育为主、处罚为辅”的原则，综合未成年犯罪嫌疑人日常表现以及社会调查情况，在充分听取了各方意见后，对一名涉嫌危险驾驶罪的未成年人作附条件不起诉。起初法律对适用罪名作出限定，主要是基于上述三章的罪名为未成年人可能涉及的最常见的犯罪，但是随着经济社会的日新月异，未成年人实施的犯罪行为也具有了一定的多样性，在罪名的犯罪主体和法定刑都与附条件不起诉制度要求相匹配的情况下，不乏有学者呼吁对附条件不起诉制度在罪名方面的扩大化适用，在实务界也确有附条件不起诉制度外轻罪的适用探索，但目前立法尚未予以回应。

二是禁止条件不明确导致适用受限。现行法律和司法解释仅仅规定了关于附条件不起诉的罪名、刑罚、认罪悔罪表现等可以适用的条件，没有明确规定何种情形下禁止适用附条件不起诉。2014 年至今，淮安市检察机关未检部门共对 3 名未成年人在附条件不起诉考验期满作出不起诉决定后，对其又实施犯罪的行为的仍然适用了附条件不起诉。例如，未成年人陈某某第一次因涉嫌寻衅滋事犯罪被检察机关附条件不起诉，考验期满

① 参见孙聪：《再论未成年人附条件不起诉制度》，载《湖北警官学院学报》2020 年第 6 期。

② 参见何挺：《附条件不起诉制度实施状况研究》，载《法学研究》2019 年第 6 期。

被检察机关作出不起诉决定后。因与朋友饮酒后起冲突，持啤酒瓶将朋友头部打破致其轻伤二级，其父母代为赔偿到位且取得被害人谅解，社会矛盾得到修复。这种情况下，检察机关是选择对其作相对不起诉、附条件不起诉还是起诉，检察官经过综合评估，认为虽然陈某某此次犯罪情节轻微，真诚认罪悔罪，但是由于其属于再次犯罪具有一定的社会危害性。审查起诉期间，且其父母也愿意对其加强监管，与其住在一起，陈某某与女友一起学做甜点，父母出资为二人租了门市自主经营一家汉堡店，生活走上正轨。经过详细社会调查，了解上述情况后，检察机关根据陈某某及其家庭情况，决定再次对其附条件不起诉，考验期内陈某某主动接受帮教，表现良好，检察机关缩短其考验期，提前结束帮教，对其作出不起诉决定。在该案办理过程中，对于已经被附条件不起诉的未成年人又实施了故意或者过失犯罪的，在符合法律规定的附条件不起诉条件下，是否可以对其再次附条件不起诉？是否属于附条件不起诉适用的禁止条件？因为法律及司法解释没有明确规定，导致司法实务适用的困惑。

三是撤销条件模糊导致适用问题。关于附条件不起诉决定的撤销，《刑事诉讼法》第 273 条规定了法定撤销、裁量撤销两种情形。虽然法律有明文规定，但是司法实践中出现了新的情况：检察机关在对未成年犯罪嫌疑人作出考验期满后的不起诉决定后，如果发现了其在附条件不起诉考验期内实施新的犯罪的，是否应当数罪并罚提起公诉？如被告人潘某某因涉嫌盗窃被附条件不起诉后，在考验期内赴异地实施了容留他人吸毒的犯罪，但是其没有如实向检察机关报告，当地公安机关也不掌握其在异地再犯新罪的情况，因此检察机关在考验期满后对其作出不起诉决定。后其他地区检察机关在办理潘某某涉嫌容留他人吸毒犯罪时，发现该犯罪事实发生在附条件不起诉的考验期内，办理潘某某容留他人吸毒案的检察院经请示上级检察院后，由上级检察院指定原作出附条件不起诉的单位撤销对潘某某的不起诉决定，将盗窃罪、容留他人吸毒罪数罪并罚起诉至法院。上述案例中检察机关是否需要撤销对潘某某作出的不起诉决定，还是单独就其新涉嫌的犯罪定罪处罚？在司法实践和理论界都存在重大分歧。《刑事诉讼法》关于附条件不起诉撤销的规定较为原则，这就需要检察官能够准确理解具体法律条文的含义，并结合法律条文背后的目的进行合理解释，以解决纷繁复杂的实践问题。

四是帮教个性化欠缺导致帮教效果受限。当前，附条件不起诉制度的核心是经过精准帮教后，未成年人能够顺利回归社会，这和教育刑将刑罚的本质和目的视为“教育”的理念如出一辙。[①] 但是，司法实践中由于社会调查的主体不统一、需要调查哪些内容不明确、对社会危险性的评估缺乏标准，导致社会调查报告质量不高，进而影响帮教的针对性；监督考察方式随意性大，且缺乏技术手段和强制力，并且帮教效果也缺乏评价机制。

---

① 参见陈伟、郑自飞：《未成年人附条件不起诉制度的问题检视与完善》，载《中国青年社会科学》2021 年第 2 期。

首先,从监督考察方式观察,实践中帮教人员采取的帮教方式一般采取电话沟通、见面谈话、提交思想汇报等方式开展,对帮教效果缺乏评估机制,帮教成效到底如何、帮教方式、方法是否正确均无法检验。其次,帮教缺乏技术手段支撑,无法及时掌握被帮教人的行踪。实践中,被帮教人在考验期内是否进入禁止出入的场所、是否离开本市不报备,帮教人员因缺乏有效的监控手段无法第一时间获悉。另外,受检察官社会化工作能力的欠缺和专业化水平不足等因素制约,附条件不起诉考察帮教在实际运作极易流于形式,一定程度上影响了未成年人附条件不起诉制度的目标设定。

三、未成年人附条件不起诉制度的完善路径

附条件不起诉制度不是我国所特有的,其他法系国家也存在类似制度。在德国,该制度称为起诉保留、暂缓起诉或者附条件不起诉,1974 年德国进行了刑事诉讼法的修改,从立法上扩大了检察院的权限,加大了检察官的起诉自由裁量权,并正式确认了暂缓起诉制度。不限于未成年人而是适用于所有主体,而且适用于轻罪。① 日本称为起诉裁量主义,适用对象不区分成年人和未成年人,实现以和解为中心的缓起诉,并提出了修复性司法更符合现代社会发展的观点。② 在我国台湾地区的相关规定中,该制度称为缓起诉,规定死刑、无期徒刑以及 3 年以上有期徒刑不予适用。③ 在美国,其被称为"延缓起诉",是"一个富有意义的替代性措施的分流"程序。④ 而我国现行立法使用的概念是附条件不起诉,仅仅适用于触犯了《刑法》分则中的第四章、第五章、第六章犯罪的未成年人,且可能判处 1 年以下有期徒刑。与美国、德国、日本相比,我国的未成年人附条件不起诉制度在适用罪名、适用的对象、刑罚条件等方面都相对严苛,较大程度限制了该制度在恢复性司法领域的功能发挥。为了进一步发挥附条件不起诉在教育感化挽救未成年人方面的积极作用,建议从以下四个方面完善附条件不起诉制度。

一是扩大适用范围。目前,理论界也有学者主张突破附条件不起诉罪名限定的,建议将《刑法》分则所有章节的犯罪都纳入附条件不起诉的适用范围,在更大程度上契合未成年利益最大化的少年司法理念。⑤ 从司法实务看,随着我国教育矫治未成年人经验的积累和配套机制的完善,附条件不起诉的受案范围可以相应地扩大,以更充分地发挥该制度的教育功能。⑥ 认罪认罚制度实施以来,司法实践也在探索对认罪认罚的未成年人

---

① 参见王剑虹:《比较与借鉴:论中国暂缓起诉制度的构建》,载《社科纵横》2008 年第 1 期。

② 参见[日]田口守一:《刑事诉讼法》,刘迪、张凌、穆津译,法律出版社 2000 年版,第 104 - 105 页。

③ 参见宋英辉、何挺主编:《未成年人刑事案件诉讼程序研究综述》,中国检察出版社 2019 年版,第 218 页。

④ 参见[美]韦恩 · R. 拉费弗、[美]杰罗德 · H. 伊斯雷尔、[美]南西 · J. 金:《刑事诉讼法》,卞建林、沙丽金等译,中国政法大学出版社 2003 年版,第 743 页。

⑤ 参见刘祎铭:《守护未来:附条件不起诉制度的适用与完善》,载《湖北经济学院学报(人文社会科学版)》2021 年第 4 期。

⑥ 参见肖中华、李耀杰:《未成年人附条件不起诉相关制度比较》,载《国家检察官学院学报》2015 年第 2 期。

适用特殊情况的附条件不起诉,只要未成年人认罪认罚,可以适用所有罪名,但是排除毒品再犯,具有多次违法、犯罪前科等主观恶性较深、屡教不改、社会矫正难度较大的犯罪嫌疑人的适用。[①] 建议取消适用附条件不起诉的罪名限制,将目光聚焦于"犯罪情节危害不大""社会危险性低"等方面,赋予办案检察官相应自由裁量权利。

二是进一步拓展"能用尽用"范畴。对于有前科劣迹的未成年人,或者已经被作过附条件不起诉且经过帮教的未成年人,甚至被法院判处刑罚的未成年人,如果再次实施犯罪行为,如何认定其有悔罪表现,是否可以作出第二次附条件不起诉的决定需要检察官综合评估和考量,要根据在案的未成年人犯罪成因、社会调查、家庭监管条件来定,不能一概而论排除使用。可以应用尽用,并增加"向被害人道歉""经济赔偿""不得请求返回"相关规定[②]。也就是说,在兼顾社会公共利益、被害人合法权益的前提下,只要符合现行法律关于附条件不起诉的罪名、刑罚和悔罪表现等条件,便应尽可能适用附条件不起诉。比如,在侵犯人身权利类犯罪中,未成年犯罪嫌疑人如果具备取得被害人谅解、认罪悔罪态度好、具备监督管教条件等情况,在被破坏的社会矛盾得以修复的前提下,检察机关可以对其再次进行附条件不起诉。一方面,现行法律、司法解释没有禁止性规定。《刑事诉讼法》《人民检察院刑事诉讼规则》都没有对附条件不起诉的再次适用作出禁止性的规定。最高人民检察院(以下简称最高检)发布的《未成年人刑事检察工作指引(试行)》和江苏省人民检察院制定的《未成年人刑事案件办理工作规程》也未作出禁止性的规定。另一方面,最高检发布的附条件不起诉指导性案例鼓励对附条件不起诉应用尽用。从上文提到的检察机关对未成年人陈某某再次附条件不起诉来看,为了加强对未成年人教育矫治,如果综合其前后两次犯罪事实、犯罪情节、悔罪表现等,认为未成年人有矫正必要性,不宜直接作相对不起诉。如果诉至法院直接判处轻刑且缓刑,对于未成年人来说就没有起诉必要性。因此,作出附条件不起诉决定是恰当的。

三是进一步强化考验期监督。未成年人在附条件不起诉考验期内重新犯罪,违反《刑事诉讼法》第 273 条的规定,即使在附条件不起诉考验期满后才被发现,而检察机关此前已经作出不起诉决定的,应当撤销原作出的不起诉决定,将未成年人所犯数罪一并提起公诉。一方面,提起公诉不是放弃对未成年人进行教育感化挽救,附条件不起诉也不是对被不起诉未成年人的放纵,而是通过附加条件的实现促进被不起诉人悔改回归。另一方面,应当辩证地看待教育与惩罚两种处理方式,以及两种方式在挽救犯罪未成年人中所起的作用。当然,"在未成年人刑事司法中,惩罚只是手段而不是目的,即使是较为严厉的惩罚措施也是如此"。[③] 对犯罪未成年人适度的惩罚是为了促使未成年人正确

---

① 参见施忠华:《认罪认罚案件中成年人附条件不起诉制度构建与思考》,载《中国检察官》2021 年第 5 期。

② 参见郭斐飞:《附条件不起诉制度的完善》,载《中国刑事法杂志》2012 年第 2 期。

③ 宋英辉、何挺、王贞会等:《未成年人刑事司法改革研究》,北京大学出版社 2013 年版,第 30 页。

认识罪错,承担责任,积极悔改。惩罚也是一种教育,未成年人应当“对其不法行为后果承担认知、消除甚至接受惩罚的义务”。[①] 附条件不起诉制度将触犯重罪和轻罪的未成年人进行了分流,实现了对未成年人利益保护的最大化。但是,该项制度是以限制被害人权益以及社会利益为代价的,[②]既不能无限制扩大适用范围,也不能完全漠视社会利益于不顾。对于在附条件不起诉之前、之中、之后不能真诚悔罪、认罪服法的未成年人,应当给予相应处罚,以实现社会防卫目的,确保任何人不能从自己的不法行为中获利。

四是健全社会支持体系、借助智慧帮教平台等提高帮教针对性和实效性。域外开展对不法未成年人的帮教及考察,大都采取专业社会调查执行人主导,社会团体充分参与的模式。并将社会调查视为判断不法未成年人是否具备矫治可能及设计针对性矫正措施的最有效手段。[③] 借鉴域外的经验做法,检察机关在对未成年人作出附条件不起诉决定后,在考察帮教期间要积极推动政府购买服务,引入社会力量,在心理疏导、家庭教育指导、就业辅导等领域,依托专业司法社工参与附条件不起诉考察帮教,检察机关主要负责跟踪监督帮教成效,实现“专业的人做专业的事”,将检察官从帮教工作中解放出来,专门负责监督考察帮教工作即可。除此之外,有条件的地方可以通过数字检察,开发信息化的考察帮教监管系统,克服地域限制,实现对未成年人帮教的实时性和实效性。以淮安为例,当地检察机关通过推动政法委成立辖区的未保中心,与妇联、心理咨询协会经协商达成一致,抽调实践经验丰富、责任心强的心理咨询师、家庭教育指导师等组建了专门社会工作者团队,指导团队成立专门组织,专门承接未成年人司法保护中心委托事项。司法实践中未成年人犯罪年龄大多为16—18岁,进入刑事诉讼程序时,大多数未成年人正处于求学或就业阶段,有的甚至在异地生活,帮教工作常常受到时间与空间的双重限制。为打破这种束缚,金湖县人民检察院尝试通过开发线上帮教平台建立“线上+线下”融合帮教模式,将帮教量化为众多帮教任务,以互联网为媒介强化帮教老师与被附条件不起诉人的沟通交流,从而达到精准帮教的目的。例如,被附条件不起诉人作为帮教对象,可在帮教平台上在线签到、打卡学习获取成长积分、与帮教老师实时互动完成帮教任务等。根据设定,成长积分是其考察期表现的重要依据,他需在考察期内完成一定的成长积分才可获得被不起诉资格。检察机关在该模式中扮演着帮教者和监督者双重身份,可借助平台对所有帮教对象的监督考察情况进行实时跟踪,并进行基础数据分析,实现动态考察、良性循环。淮安市检察机关通过借助专业社会支持力量,开展针对性帮教,对1名涉嫌未侵犯公民个人信息罪未成年人刘某附条件不起诉后,依托司法社工,对其开展心理辅导,鼓励刘某利用自身特长,接受委托为警方破获一起网络传销案件取得关键性

---

① 赵国玲、王海涛:《少年司法主导理念的困境、出路和中国的选择》,载《中州学刊》2006年第6期。

② 参见张蓉:《未成年人利益优于社会利益:未成年人犯罪刑事政策的选择》,载《青少年犯罪问题》2013年第2期。

③ 参见肖中华、李耀杰:《未成年人附条件不起诉相关制度比较》,载《国家检察官学院学报》2015年第2期。

电子证据。附条件不起诉考察期间,刘某带领 4 名同学学习网站安全技术,获得国家信息安全网络平台颁发的原创漏洞证明 130 多张,其中刘某获得 70 多张,在国家信息安全漏洞共享平台“白帽子原创积分排名”中名列前茅。该案入选最高人民检察院、团中央共同发布的未成年人检察社会支持体系建设工作十大典型案(事)例。

实质化行使社会治理检察建议调查核实权研究

顾长洲　李佳杰*

摘要：提升社会治理检察建议质量，保障检察建议监督刚性，是检察机关学习贯彻习近平法治思想、强化新时代法律监督的重要内容和举措。《中共中央关于加强新时代检察机关法律监督工作的意见》明确提出，检察机关要加强对监督事项的调查核实工作，精准开展法律监督。调查核实工作不深入、不细致、不规范，直接影响和制约社会治理检察建议的质量和监督效果。检察机关要进一步学习贯彻习近平法治思想，以做实做优调查核实工作为基础，积极、规范制发社会治理检察建议，切实以能动履职促进诉源治理。

关键词：检察建议　调查核实权　实质化行使　监督刚性

习近平总书记强调，"坚持在法治轨道上推进国家治理体系和治理能力现代化。"① "法治建设既要抓末端、治已病，更要抓前端、治未病。"②检察建议作为一种深植于中国特色司法文化土壤的法律制度，是检察机关坚持在法治轨道上推进国家治理体系和治理能力现代化的重要手段，是检察机关坚持依法治国、依法执政、依法行政共同推进，法治国家、法治政府、法治社会一体建设的重要工具。③ 修订后的《人民检察院组织法》明确了检察机关在法律监督领域的调查核实权，其在社会治理检察建议制发过程中起着重要的作用。从实践来看，当前社会治理检察建议仍存在质量不高、效果不强等问题，其中调查核实权行使不到位是重要原因之一。对此，本文就如何做实做优社会治理检察建议中的调查核实权提出相应落实路径及完善制度规范。

---

* 顾长洲，江苏省连云港市人民检察院党组成员、副检察长；李佳杰，江苏省连云港市人民检察院研究室副主任。

① 习近平：《坚定不移走中国特色社会主义法治道路　为全面建设社会主义现代化国家提供有力法治保障》，载《求是》2021 年第 5 期。

② 习近平：《坚定不移走中国特色社会主义法治道路　为全面建设社会主义现代化国家提供有力法治保障》，载《求是》2021 年第 5 期。

③ 参见张羽：《提升，检察建议这两年》（下篇），载《检察日报》2020 年 11 月 25 日，第 2 版。

一、做实检察建议调查核实权的必要性

随着最高人民检察院(以下简称最高检)1 号至 8 号检察建议的制发①,社会治理检察建议作为检察机关履行法律监督职责、推进国家治理体系和治理能力现代化的重要方式得到社会广泛关注和认可。作为社会治理检察建议制发前重要程序之一,检察建议相关事项的调查核实工作是否扎实有效,直接决定了检察建议本身的质量以及后续落实效果。同时,鉴于社会治理检察建议相对独立于案件办理的特质,无论是承办检察官的调查核实意识,还是具体的调查核实举措,目前仍存在相对滞后状态。对此,应进一步从法理和实践层面明确调查核实工作在社会治理检察建议中的必要性。

(一)检察调查核实权的权能分析

检察机关作为宪法明确规定的国家法律监督机关,在监督履职中基于查明案件相关事实的需要,天然蕴含了调查核实的权力内核。② 调查核实权是检察机关为有效履行法律监督职能,依照法律规定的条件和程序,对司法办案所涉及的事实、证据等进行分析了解,检验、查证有关事项真实情况的一项权力,具有相应的法律强制性。顾名思义,调查核实权应包括调查取证和核实情况两个权能的内容。调查主要针对尚未掌握的情况和事实来收集相关证据材料,以此作为下一步监督决定的事实基础;核实主要是针对已有的事实或证据等,通过相应措施来判断其真伪。

2018 年修订的《人民检察院组织法》第 21 条规定,检察机关行使法律监督职权可以进行调查核实,从立法层面首次明确检察机关在法律监督领域的调查核实权。2021 年 6 月,《中共中央关于加强新时代检察机关法律监督工作的意见》也明确提出,检察机关要加强对监督事项的调查核实工作,精准开展法律监督。除此之外,有关检察机关调查核实权的规定还散见于其他不同法律法规及司法解释中,就检察机关某部分职能的调查核实进行了相应规定。调查核实权作为检察机关法律监督权的一项重要权能,其具体调查核实手段、方式以及可采取的具体措施等,在最高检刑事诉讼规则、民事诉讼监督规则以及检察建议工作规定等司法解释中均有相应规定。同时,由于检察调查核实权依托于法律监督工作需要,从实践层面来看,从调查核实权在四大检察领域的运用程度及范围等来看,基本可呈现出“刑事检察 < 民事、行政检察 < 公益诉讼检察”的态势。

2018 年修订的《人民检察院检察建议工作规定》(以下简称《检察建议工作规定》)明确检察官在履职中发现有需要提出检察建议情形的,应当报经检察长决定,并对相关事项进行调查核实,做到事实清楚、准确。《检察建议工作规定》同时以列举的形式,明确了

---

① 2018 年以来,最高人民检察院针对防治校园性侵、规范公告送达、强化金融监管、严防窨井“吃人”、防治虚假诉讼、治理网络空间、强化寄递安全、安全生产监管等问题,分别向教育部、最高人民法院、中央金融主管机关、住房和城乡建设部、最高人民法院、工业和信息化部、国家邮政局、应急管理部等部门制发检察建议,督促依法能动履职,有效推进溯源治理,实现双赢、多赢、共赢法律监督效果。

② 参见韩成军:《行政检察调查核实权的规范化运行》,载《国家检察官学院学报》2021 年第 5 期。

检察官在检察建议调查核实中可以采取的七项措施。进入新时代,检察建议在检察机关履行法律监督职责、推进国家治理体系和治理能力现代化方面有了新定位、新使命。上述规定为检察建议工作的规范、高效开展提供了有效制度保障。同时,如何正确认识并有效行使调查核实权,是进一步提升检察建议尤其是社会治理检察建议质效和刚性的基础和必要途径。

(二)社会治理检察建议调查核实权的特殊性

作为检察建议的主要类型之一,社会治理检察建议①由检察机关自行启动、自行调查、自行督促落实,主动性强,适用范围和发送对象广泛,是我国社会主义法治建设中能够鲜明体现中国特色的重要工作,是检察机关直接服务保障大局、保障国家治理顺利进行的重要手段,在实现国家治理体系和治理能力现代化历史进程中将发挥越来越重要的作用。相应地,社会治理检察建议的调查核实工作也独具特性。

第一,对调查核实依赖大。社会治理检察建议监督内容广泛,要求检察机关在司法办案之外,针对发现的相关单位存在的预防违法犯罪方面制度不健全、不落实,管理不完善,或者已发生的案件暴露出明显管理监督漏洞等具体问题进行详细的调查核实,确保问题查找准确、原因分析透彻、对策建议具体可行。第二,调查核实范围广。社会治理检察建议的监督对象包括司法机关、行政执法机关、企事业单位、行业协会、社会组织等各行各业,被建议单位的多样性对调查核实权的行使提出了较高要求。第三,调查核实要求高。相较于再审检察建议后续可以提出抗诉、公益诉讼检察建议后续可以提起诉讼等,社会治理检察建议目前在后续保障上并无相应具体法律制度保障,而如何通过做实调查核实工作、提升检察建议质量是当前保障社会治理检察建议落实效果的有力支撑。第四,制度供给不足。实践中,其他类型检察建议无论在制发依据,还是调查核实方式上,都有赖于相关诉讼法及诉讼规则等法律、司法解释作保障,相应调查核实工作能够较为规范开展。而社会治理检察建议目前在制发上主要依据《检察建议工作规定》,且缺乏规范化的调查核实程序,需要在不断的实践中持续规范完善。

(三)社会治理检察建议调查核实工作的现实需求

社会治理检察建议重在发现有关单位履行职责、行使职权存在违法过错或隐患,在此基础上依法提出针对性、可操作性强的对策建议,督促相关单位纠正问题或预防风险隐患。根据检察建议案件化办理要求,承办检察官应充分运用询问、录音录像、委托鉴定等调查核实手段,对于监督事项的具体情形、法律依据、责任单位等进行全面调查,取得证据后逐项分析、系统论证,作为是否制发、向谁制发检察建议的依据。以近年来入选全国检察机关优秀社会治理建议为例,其中无一例外前期调查核实工作均做到了规范扎

---

① 《检察建议工作规定》第5条明确规定,“检察建议主要包括以下类型:(一)再审检察建议;(二)纠正违法检察建议;(三)公益诉讼检察建议;(四)社会治理检察建议;(五)其他检察建议。”

实，相应的检察建议书均问题查找准确、原因分析到位、对策针对可行。例如，某县检察院针对基层矛盾纠纷化解问题向当地县政府制发检察建议过程中，该检察院针对办案中反映出的基层矛盾化解问题，深入案发地及周边村落全面了解矛盾纠纷化解方式，走访基层综治中心，通过查阅文件、听取意见、询问等方式，形成详细的问题清单，进而形成的检察建议得到县政府的高度认可，并取得良好的整改效果。此外，通过对一些质效不高检察建议分析来看，突出存在发送对象不准确、分析问题缺乏严密的逻辑论证、说理性和合法性论证不严密、建议内容针对性、操作性不强等问题，均与前期调查核实不全面、不深入等有直接关系。

二、做实社会治理检察建议调查核实权的工作重点

2022 年以来，最高检提出全面加强检察一体化机制建设，社会治理类检察建议，无论是线索发现还是检察建议的制发，都能够充分体现四大检察职能在检察机关内部的有效融合。通过规范化行使调查核实权，能够有效提升社会治理检察建议工作效能，进而实现检察机关法律监督职能的倍增，促使检察机关各部门内部融合的效能在外部放大。结合新时代社会治理检察建议工作要求，当前应围绕调查核实权的有效行使重点做好以下几方面工作。

（一）深化调查核实工作理念

调查核实权是检察机关行使法律监督职权的一项权能和措施，对各项法律监督职权正确、有效行使发挥着重要的保障性作用。法律赋予检察机关采取调查核实措施的权力，是确保法律监督工作“刚性”和实效的客观需要。对此，全体检察人员尤其是一线办案人员，要积极转变理念，强化调查核实工作意识，明确开展调查核实工作不仅是收集证据确保案件得以顺利进行的一种方式方法，更是把好案件证据关卡、保障犯罪嫌疑人合法权益的重要途径。切实把开展调查核实工作落实到具体的司法办案中，充分发挥主观能动性，不等不靠，能动司法，强化检察履职责任感。同时，要加强检察机关调查核实权的宣传，让社会公众知晓检察机关调查核实权的内容和意义，营造良好的检察调查核实工作氛围。

（二）做实已有调查核实工作

《检察建议工作规定》明确要求，社会治理类检察建议要实行案件化办理，检察业务统一应用系统中也专门设置了包括调查核实在内的社会治理检察建议案件化办理模块，为规范化开展调查核实工作提供了制度和实践基础。在具体实践中，要推动检察建议案件办理的全面规范，以规范案件化办理流程为依托，建立规范行使调查核实权工作模板。同时，社会治理检察建议案件化办理作为一项综合性很强的业务工作，其线索依托于“四大检察”“十大业务”，其内容来源于案件又需要从案件中提取和总结，其是否具有刚性不能靠被建议对象的自觉，更重要的取决于检察建议文书本身的质量，包括问题是否查找

准确、原因是否分析到位、建议是否有针对性和可操作性等,这些均取决于前期调查核实工作是否扎实履行。可以说,在社会治理检察建议中,调查核实权的行使程度决定了检察建议工作的整体质效。

(三)优化调查核实工作方式及内容

在检察建议中充分行使检察调查核实权,承办检察官应根据被建议单位的具体性质,结合监督事项属于预防犯罪、加强和改进管理监督工作、完善风险预警防范措施、依法及时履行职责消除工作隐患以及给予有关涉案人员、责任人员或者组织行政处罚、政务处分、行业惩戒等不同内容,综合运用“查询、调取、复制相关证据材料;向当事人、有关知情人员或者其他相关人员了解情况;听取被建议单位意见;咨询专业人员、相关部门或者行业协会等对专门问题的意见;委托鉴定、评估、审计;现场走访、查验等”,以及法律允许的其他查明事实所需要采取的其他措施等。重点查明以下内容:司法办案中发现被建议单位存在的社会治理问题;个案背后暴露出的普遍性、倾向性违法问题;问题背后隐藏的其他综合治理性问题;问题产生的深层次原因;通过调查可提出的有针对性、可操作性的综合治理检察建议的内容等。

(四)规范调查核实工作重点环节

第一,明确调查核实启动程序。根据“谁办案,谁负责”的司法责任制改革精神,明确调查核实权的启动决策主体,可由承办案件的员额检察官就调查核实事项、对象和拟采取的方式等内容制订调查核实方案,提请部门负责人审批后实施。第二,严格执行调查核实方案。承办检察官在调查前应制作调查方案,明确调查思路。检察机关在办理案件过程中,检察调查核实权的运行应当严格遵循各项规范和要求,按照调查方案的思路、方法、步骤等进行调查核实,证据材料的收集要采用合法手段,满足程序规范要求。第三,重视调查核实终结报告。调查结束后,检察官应当制作《调查终结报告》,决定是终结案件还是提出检察建议。调查终结报告不仅能够服务于提出纠正意见或检察建议,而且具有终止检察调查核实权运行的程序控制功能。第四,拓展延伸调查核实工作。明确在承办检察官开展的后续督查落实中仍可以参照调查核实相关规定开展落实效果“回头看”等工作。第五,规范化行使调查核实权。严格规范行使检察调查核实权,确保调查核实工作符合相关法律规定和办案程序,主动接受被调查对象和社会监督,必要时可邀请人大代表、政协委员、人民监督员等参与或鉴证相关调查核实工作,确保调查核实公开、规范、有序进行。

三、完善社会治理检察建议调查核实权行使的路径

(一)完善法律制度支撑

从具体操作层面来看,可以在不断完善调查核实工作实践基础上,积极推动完善相关立法工作。在立法层面对检察机关包括检察建议调查核实工作在内的整体调查核实

权及相关保障措施予以明确,明确被调查的单位和个人有协助检察机关开展调查核实的义务,并赋予检察机关对不配合调查核实的单位和个人可采取相应强制措施的权力。[①]最高检制定调查核实方面的统一规则,明确细化调查核实工作的依据、目标、原则,以及调查核实启动条件、适用范围、基本程序以及保障措施等内容。

(二)设立统一调查核实工作文书

为保障检察调查核实工作顺利启动和实施,可设立统一的调查核实工作文书,如检察机关"调查核实通知书""调查核实询问通知书、调查核实证据通知书"等。同时,可以参考域外检察官在民事诉讼中可以向自然人发布民事调查令,设置相应的调查核实法律文书的措施,保障检察机关调查核实权的顺利行使。

(三)完善调查核实权行使保障机制

一是强化调查核实权履行。可考虑赋予检察调查核实权一定的强制性,明确规定当事人单位和个人不履行协作义务的法律后果。例如,借鉴行政执法机关调查措施的权限,增设要求说明情况、通知谈话、传唤、调取证据、查阅有关会议记录、文件、案卷材料,责令提供相关证据、材料等职权;必要时,还应当有权直接采取轻微强制性措施,如强制传唤、发出禁止令、责令立即停止侵害公益行为等。二是加强外部协作配合。建立完善与公安机关、监察机关等的配合,对妨碍检察机关调查核实构成违法或者犯罪的,根据情形及时移送公安机关或者监察机关处理。被调查机关有意阻挠、推脱但不构成违法犯罪的,检察机关可将相关情况向党委、人大报告,或者通报监察机关及政府相关部门,也可由上级检察机关向其上级主管部门提出检察建议,督促纠正不当行为。三是加强宣传工作。检察机关采取有效措施加强对检察调查核实权的宣传,确保社会公众知晓相关法律规定,尤其是对不配合调查核实的法律责任进行重点宣传,提升社会公众认知度和配合度。

(四)强化调查核实工作专业化建设

一是加强调查核实工作培训。针对专业性强的办案领域,可以组织开展培训班、专题授课的形式,有效丰富办案人员的专业知识,减少办案人员自行学习,自行寻找相关行政法规等规定的时间,提高办案效率。二是完善考核工作机制。对检察工作中发现的社会治理问题规范化进行调查核实,研究提出检察建议,并在踪督促被建议单位整改落实中参照行使调查核实权能的,纳入办案数量、质量等指标,激励检察官运用好调查核实权。

---

① 参见广东省广州市花都区人民检察院课题组:《检察机关调查核实权的现实困境与完善路径》,载《检察调研与指导》2019 年第 6 辑。

司法责任制改革视角下检察委员会议案决策机制的完善进路

——以T市检察机关检察委员会议案情况为例的分析

丁建玮*

摘要：司法责任制改革推动检察委员会决策机制由行政化转向司法化。实证研究发现，当前检察委员会审议的不起诉案件比例偏高，行政、公益诉讼检察案件和有争议案件比例偏低，议案过程过多涉及事实而非法律适用问题，议案决定结论与承办检察官意见趋同以及检委办实体性审查流于形式。这些问题折射出案件议题过滤机制、审议流程、辅助决策和司法责任落实等方面仍有不足。为提升议案决策质效，需要进一步明确议题范围、健全议题过滤、检察委员会委员阅卷、辅助决策和司法责任落实机制。

关键词：检察委员会　议案决策　司法责任制　实证研究

检察委员会制度是具有鲜明中国特色的检察制度，其在检察长的主持下遵循民主集中制原则，讨论决定重大案件和重要事项。2015年9月，最高人民检察院（以下简称最高检）印发《关于完善人民检察院司法责任制的若干意见》，对检察权运行机制包括检察委员会的组成及运行机制作出重大改革，实行“谁办案谁负责、谁决定谁负责”，明确对于提交检察委员会讨论决定的案件，不再是检察委员会对检察官处理意见进行审批，而是检察官对汇报的事实和证据负责，检察委员会委员对自己发表的意见和表决负责。经过几年的实践，2018年修订后的《人民检察院组织法》吸纳了司法责任制改革的成果，明确检察委员会是检察机关的办案组织，也对检察委员会的职能作了明确规定，包括总结检察工作经验，讨论决定重大、疑难、复杂案件，讨论决定其他有关检察工作的重大问题。2020年出台的《人民检察院检察委员会工作规则》（以下简称《工作规则》）对检察委员会

---

* 丁建玮，江苏省泰州市人民检察院法律政策研究室主任、江苏省泰州市高港区人民检察院副检察长（挂职）。

对重大案件、重大事项的决策权、决策机制和责任分配等作出了具体规定，有力回应了原来争议较大的检察委员会行政化决策模式和议案决策司法责任错位等问题。从 T 市检察机关的调研情况看，近年来检察委员会工作在“四大检察”重大疑难复杂案件的讨论、议题报告质量、检察委员会办事机构辅助决策功能、信息化等方面得到了全面提升，但检察委员会议案决策模式在制度设计、实践运行中仍然存在一些问题，影响了检察委员会议案决策质效，需要进一步研究和改进。

一、T 市检察委员会议案数据折射出的问题

T 市检察机关有 1 个设区市检察院，7 个基层检察院。对 T 市检察机关检察委员会议案数据进行梳理，折射出议案决策中的一些不足。

（一）刑事案件议题不起诉案件数量偏多

从统计数据来看，不起诉案件提交检察委员会审议比例远高于刑事案件不起诉率。2018 年至 2021 年，T 市检察机关共审议 1018 件刑事案件，其中不起诉案件有 305 件，占比 30%；而同期刑事案件不起诉率约为 13%，检察委员会审议不起诉案件比例是刑事案件不起诉率的 2 倍多。对于不起诉案件议题占比较高的情况进行分析，一方面，基层检察机关办理的审查起诉案件数量大、轻罪案件多，不起诉案件数量相对之前有了明显提升，与之相对应，提交检察委员会审议的不起诉案件数量自然水涨船高。同时，近年来危险驾驶、破坏环境资源等罪名的刑事司法具体政策处于变化之中，对起诉必要性审查判断要求较高，诉与不诉存在一定争议，将此类案件提交检察委员会审议把关，统一本地区司法尺度是合理的。另一方面，各基层检察院之间提交检察委员会审议不起诉案件比例差别也很大，以 T 市下辖的县级 H 市检察院和 X 市检察院为例，2 家基层检察院每年办理刑事案件 800 件左右，提交检察委员会审议的不起诉案件占审议的刑事案件比例分别是 20.5% 和 57%，相差将近一倍，反映出少数基层检察院议题把关不严，将一些案情简单的案件，本可以由检察长决定的案件提交检察委员会审议。

（二）行政和公益诉讼案件议题明显偏少

从数据来看，行政检察和公益诉讼案件议题数量明显偏少，与“四大检察”全面平衡发展的要求不相适应。这其中固然有行政检察和公益诉讼办案基数低于刑事、民事检察办案基数的原因，但也发现少数重大疑难复杂行政检察和公益诉讼案件，特别是需要向上级检察院报告的案件，未提交检察委员会审议。2018 年至 2021 年，T 市行政检察案件议题有 13 件，公益诉讼案件议题只有 1 件；而仅 2021 年 T 市检察机关受理行政检察案件 153 件，受理公益诉讼案件 535 件。提交检察委员会审议行政检察和公益诉讼案件数据与该地区办案基数呈现出倒挂情形，也说明检察委员会审议议题数量不够平衡。

（三）存在明显争议案件的比例偏低

在司法实践中，案件提交检察委员会研究前应制作议案报告，写明承办人意见、检察

官联席意见(包括分管副检察长意见),必要时还需要写明其他有关单位的意见(包括上下级检察机关意见和外单位的意见)。这三类意见是否完全一致,可以反映出案件议题本身是否存在争议以及争议大小。从调研情况来看,T市检察委员会审议的案件议题,有明显争议的案件比例不高。2018年至2021年,提交检察委员会审议的1254件案件议题中,写明存在不同意见的只有341件,占比28%,其中检察官联席会议存在不同意见的有322件,上下级检察机关存在不同意见的有49件,外单位存在不同意见的有24件。[①] 议案决策是检察委员会的主要功能之一[②],检察委员会议案应当解决重大争议问题。除了依照程序必须提交检察委员会的,没有争议的案件不宜提交检察委员会审议决策。无争议上会的案件议题比例较高,在一定程度上影响了检察委员会议案决策功能发挥。

(四)审议过程大量涉及事实问题

依照司法责任制改革要求,检察官对案件事实和证据负责,检察委员会对法律适用问题负责。但无论是理论和司法实践,事实问题和法律适用问题很难截然分开。这就导致实践中,检察委员会在审议案件时,对于案件事实、证据细节进行讨论并不少见,有的检察委员会委员还会对事实问题进行追问,要求承办检察官补充汇报证据情况。从341件争议案件所涉问题性质来看,其中明确属于法律适用问题的81件,属于法律适用问题和事实问题交织的217件,属于事实问题(指案涉事实是否清楚,证据是否确实充分)43件。此外,检察委员会经审议决定责成检察官补充侦查后另行提请审议的有85件。上述说明检察委员会审议时比较关注案件事实和证据问题,这虽然有利于检察委员会全面把关案件质量,但大量事实、证据问题提交检察委员会研究决定,既占用了检察委员会宝贵的审议时间,影响了审议效率,又给办案责任的落实留下了隐患。

(五)检察委员会决定与承办检察官拟处理意见趋同

提交检察委员会审议的1254件案件议题中,经梳理,检察委员会最终决定与承办检察官拟处理意见不一致的案件有246件,占比19.6%,其余80.4%的案件检察委员会决定与检察官拟处理意见基本一致。进一步梳理决定不一致的案件,其中刑事案件230件,民事检察案件15件,行政检察案件1件,分别占比93.5%、6.1%和0.4%;而同时期提交检察委员会讨论的刑事、民事、行政检察案件比例分别是86%、18%和1%,可以看出,民事行政检察议题不一致比例明显低于刑事检察。究其原因,一方面是司法责任制改革后,承办检察官业务素能提升,提出处理意见更为科学和规范;另一方面是少数检察委员会委员业务素能不高,且多数委员的知识结构和业务经历偏于刑事检察,不太容易对不熟悉的案件领域提出不同意见。

---

① 需要说明的是,存在检察官联席会议,上下级检察机关和外单位意见均与承办检察官的意见不一致的情形,故分类汇总数超过341件。

② 参见孙谦主编:《中国特色社会主义检察制度》,中国检察出版社2009年版,第138页。

(六)部分检察委员会办事机构审查意见流于形式

T 市检察委员会办事机构对提请检察委员会审议的案件议题进行过滤分流并提出实体审查法律意见共计 935 份,其中基本赞同承办检察官意见的有 589 份,部分赞同承办检察官意见的有 264 份,不赞同承办检察官意见的有 82 份,占比分别是 63%、28% 和 9%。从内容来看,有的审查意见和理由与议题报告内容高度相似。究其原因,固然有一些案件议题比较简单,承办检察官提出的意见比较全面和准确,检察委员会办事机构难以提出不同意见的因素,但部分检察委员会办事机构检察人员业务素能不适宜实体性审查要求也是事实。此外,临时上会案件占比偏高,议题提交时间与会议召开时间间距不足 3 天的案件议题占比约 20%,没有给检察委员会办事机构留足足够的审查时间。

二、检察委员会议案决策问题的原因分析

实证研究数据分析,既反映了检察委员会议案决策质效稳步发展态势,也反映了一些值得注意的问题,说明检察委员会议案决策机制仍存在一些漏洞,需要加以改进。

(一)案件议题过滤机制仍不健全

虽然《工作规则》等司法解释已经明确了检察委员会议案范围和案件议题审查过滤制度,但如前文所述,案件议题过滤机制仍然存在一些漏洞,导致应当提交的案件议题没有提交,或者不应当提交的简单案件提交检察委员会审议。细致分析原因:一是现行规定不够明确。例如,《工作规则》中并没有明确哪一类公益诉讼案件应当提交检察委员会审议,只是规定了"其他重大、疑难、复杂案件",而这个标准是含混不清的。二是检察委员会办事机构审核时间节点滞后。根据现行规定,议题需要等检察长决定上会后再提交检察委员会办事机构审核。这种情况下,即使检察委员会办事机构审查认为案件议题不属于重大疑难复杂案件,也很难违背检察长既有决定,提出不宜上会审议的不同意见。三是相关问责制度缺失。虽然检察委员会工作是案件评查、上级巡察的重要内容,案件议题范围问题经常在评查或巡察中作为问题指出并要求整改,但极少给予相应问责处理,导致屡纠屡犯。

(二)议案决策流程科学性不足

一方面,检察委员会议案的司法亲历性保障机制不足。司法责任制改革明确要求贯彻司法亲历性原则,司法亲历性包括直接言词审理、以庭审为中心、集中审理、裁判者不更换、事实认定出自法庭、审理者裁判、裁判者负责等。[①] 检察委员会审议案件虽然不同于承办人直接办案,但仍需要遵循司法亲历性的基本要求。为了解决检察委员会议案司法亲历性问题,《工作规则》等相关规范性文件明确,检察委员会委员应在会前事先审阅

① 参见朱孝清:《司法的亲历性》,载《中外法学》2015 年第 4 期。

案件卷宗材料。[①] 但实践中，司法亲历性特别是委员阅卷问题并没有得到彻底解决，少数委员不认真阅卷情形仍然存在。这既影响了审议效率，也影响了议案决策质量。同时，对于复杂案件议题，现有机制保障也不足。《工作规则》第 14 条规定，除特殊情况外，一般应当在会议召开 3 日前将会议通知和议题材料等分送给检察委员会委员。检察委员会审议案件有时候涉及的事实和证据比较多，卷宗多达几十甚至几百本，即使按照规定提前 3 天将案件卷宗送给各委员，各委员也无法查阅全部卷宗材料。

另一方面，群体决策的负面影响仍不能忽视。检察委员会议案决策是集体研究得出决定。群体决策相对于个人决策有其优势，可以激发多人智慧，穷尽可能解决的方案，作出比较理性的决策，其劣势是容易产生话语霸权、信息交流不充分。[②] 针对群体决策劣势，有学者提出"群体遵从"理论，指出在通常情况下，人们往往具有遵从群体期望的倾向，即使遵从者有不同的意见，却屈从于群体压力作出与群体多数人员一致的结论。[③]《工作规则》等为了减少群体决策的弊端，明确了委员发言顺序，职务高的委员后发言，以免给其他职务低的委员造成压力。但司法实践中，委员也容易受到承办检察官、部门负责人甚至是先发言委员的不当影响。笔者调研发现，如果议题报告中说明对案件处理没有争议，即其他办案机关、承办检察官、检察官联席会议意见一致，那么检察委员会决定与承办检察官意见一致的比例更高，这也在一定程度上说明"群体遵从"的负面影响。

（三）议案辅助决策机制不够健全

检察委员会办事机构作为检察委员会服务保障机构，承担着辅助决策的功能，特别是司法责任制改革实施后，检察委员会办事机构对案件议题除了承担形式审查职责外，还承担实体性审查职责，可以对提请检察委员会讨论的案件所涉及的法律问题提出意见，供办案检察官或事项承办人参考。实证研究发现，检察委员会办事机构实体性审查不够全面、深入和准确。究其原因，一是检察委员会办事机构人员配置尚不适应议题实体性审查要求。对案件议题进行实体性审查，就需要熟悉和理解相关案件的法律理论和实践，否则就无法审视承办人意见是否全面准确。实践中，检察委员会办事机构工作人员并非员额检察官或者不具备相当的业务经历，也没有系统对案件审查开展过培训。二是实体性审查意见是否应在会上发表缺乏明确依据。《工作规则》第 13 条规定，检察委员会办事机构可以对案件和事项涉及的法律问题提出意见，供办案检察官或者事项承办人参考，并作为附件编入会议材料，但没有明确规定检察委员会办事机构是否可在检察

---

① 《工作规则》第 15 条规定，检察委员会委员接到会议通知和议程后，应当认真审阅案件材料或者事项材料，准备意见，按时出席会议。《关于检察长、副检察长、检察委员会专职委员办理案件有关问题的意见》第 3 条第 2 项规定，检察委员会委员参加检察委员会讨论决定重大、疑难、复杂案件，应当在审阅案件卷宗材料基础上提出处理意见。

② 参见［美］戴维·波普诺：《社会学》，李强等译，中国人民大学出版社 2007 年版，第 114 - 198 页。

③ 参见宋尚华：《检察委员会制度的运行模式和完善建议——基于群体决策的研究路径》，载《人民检察》2015 年第 19 期。

委员会审议案件时发表审查意见，导致各地做法不一。如果审查意见仅是作为会议材料，那么检察委员会委员审议时可能会忽略该意见，导致辅助决策功能打了折扣。

（四）检察委员会司法责任制度仍不够健全

根据《人民检察院司法责任追究条例》等规定，检察官故意隐瞒、歪曲事实，遗漏重要事实、证据或者情节，导致检察委员会、检察长（副检察长）作出错误决定的，主要由检察官承担司法责任。检察委员会作出错误决定的，检察委员会委员根据错误决定形成的具体情形和主观过错情况，承担相应的司法责任；主观上没有过错的，不承担司法责任。应该说，这些为科学界定检察委员会司法责任，倒逼委员依法履职提供了具体指引。但司法实践纷繁复杂，相关机制还有一些疏漏。一是没有突出检察长和会议主持人的司法责任。因为根据现有规定，检察长不同意多数委员意见的案件，可以提交上一级检察机关决定；检察委员会会议主持人应当按照检察委员会规则主持会议。据此，检察委员会作出错误决定承担责任，在责任分配上，检察长和会议主持人责任应明显重于其他委员。二是非员额检察官的委员是否需要承担司法责任存在争议。修订后的《人民检察院组织法》第 30 条规定，检察委员会由检察长、副检察长、若干资深检察官组成。司法责任制改革实施以来，少数原来被任命的检察委员会委员没有被任命为员额检察官，但依然履行检察委员会委员的职责。如果这些非员额的委员因为不当履职导致错误决定，是否需要根据司法责任制要求追责，实践中存在不同认识，需要进一步厘清。三是相关的考评机制还不够健全。目前已经建立了检察官考评制度，但检察委员会委员履职考评机制仍不健全，目前考评主要限于委员参会次数、发表意见是否明确、是否说明理由等方面，对于检察委员会委员发表意见是否正确没有进行考评，不符合司法责任制改革的要求。

三、检察委员会议案决策机制完善之路径

检察委员会议案决策机制改革和完善，事关司法责任制改革深化和检察机关高质量履职，有必要针对实践中的疏漏予以改进，健全相关机制。

（一）进一步健全案件议题过滤机制

如前文所述，议题过滤主要是审核应当提交的是否提交，不应当提交的是否退回。完善议题过滤机制需要改进三点。首先，进一步明确案件议题的范围。《工作规则》第 8 条规定了应当提交检察委员会讨论决定的六类案件类型，前五类是明确的，第六类“其他重大、疑难、复杂案件”是兜底条款。对于兜底条款应通过工作指引等方式予以进一步明确：如重大案件主要包括：（1）涉及重要民生、影响利益群体广泛；（2）上级检察机关或党委政法委交办、督办；（3）需要向上级机关请示或者报告；（4）人大代表、政协委员转交、关注。疑难案件主要指在法律适用方面没有明确法律规定或者较大争议的案件。复杂案件主要指涉案金额大，涉案人员多，涉证券金融、知识产权等专业性较强的案件以及刑事、民事、行政和公益诉讼检察交织的案件。其次，前置检察委员会办事机构审核时间节

点，放在报检察长决定前完成。笔者建议修订《工作规则》第12条、第13条，明确对于拟提交检察委员会讨论决定的案件和事项，办案检察官应当制作报告，经其所在内设机构负责人审核后送检察委员会办事机构审核，检察委员会办事机构经审核认为案件议题不符合上会议题范围的，应当提出意见报检察长决定。这样有利于提醒检察长否决不应上会议题。最后，严格对不按照规定提交议题的倒查问责。上级检察院应当定期组织对检察委员会工作情况的评查，发现不按照规定提交议题情形的，应当将有关情况移送本院检务督察部门组织调查，对案件议题承办检察官和作出决定的检察长（包括分管副检察长）予以通报批评，视情决定是否需要进一步处理。如果检察委员会办事机构人员没有提出正确的审核意见，也一并问责。

（二）提升议案讨论流程科学性

一是完善检察委员会议案决策的亲历性标准。从司法责任制改革要求和司法规律出发，检察委员会审议案件的亲历性与承办检察官亲历性并不完全相同，并非强制要求检察委员会委员审阅全部案件卷宗，而是要求检察委员会委员结合提请讨论的问题查阅熟悉案涉事实、证据等材料。二是完善委员阅卷留痕制度。可依托统一业务应用系统，规定会前检察委员会委员必须记录其对案件分析和评价的初步意见，通过系统自动保存，该意见将作为履职考评的依据。如此可避免委员不认真阅卷，在审议案件时人云亦云，随意发表附和性意见，最大限度发挥集体决策的优势。三是推进检察委员会会议室智能化建设。从调研情况来看，统一业务应用系统升级导致大多数检察机关原有的检察委员会智能会议系统亟待改造升级。鉴于当前财政预算从紧的现实，建议最高检专门出台文件，帮助各级检察机关争取党委政府支持财政资金完成改造，配置现代化的多媒体示证系统，必要时可调取播放相关录音录像材料，增强议题审议的亲历性、直观性。

（三）增强检察委员会办事机构辅助决策作用

一是全面履行对案件议题实体性审查职责。检察委员会办事机构应立足于中立的态度，在掌握案情、吃透法律政策规定的基础上，对案件议题所涉问题进行分析，就本案事实、证据是否确实充分、法律适用是否准确，提出实体性审查意见。必要时，可以在审查意见后面用附件方式列出案涉理论争议和实务判例以及相关法律条文，供检察委员会委员讨论参考。二是优化决策咨询机制。检察委员会办事机构经审查认为案件所涉问题属于新类型或者比较复杂、需要引入专家意见辅助检察委员会决策的，可以牵头组织研讨，将问题提交给业内专家或者专业研究小组进行研究，在会前将咨询意见反馈给检察委员会委员，为检察委员会科学决策提供参考意见。三是明确检察委员会发言顺序。笔者建议修订《工作规则》第17条，明确办案检察官汇报，其所在内设机构负责人补充说明情况后，检察委员会办事机构向检察委员会汇报审查意见，让委员能够全面了解各方意见，比较权衡后作出更优的决策。四是强化检察委员会办事机构人员配置。进一步加强检察委员会办事机构建设，至少配备1名业务经验丰富、专业水平高的检察官或者具有相当业务素能的资深检察官助理从事相关工作,并通过与其他业务部门检察官同堂培训等方式,提升办事机构工作人员业务能力。

(四)优化检察委员会司法责任落实机制

一是突出检察长或会议主持人的司法责任。司法责任分配应当符合权责相统一原则和比例原则,换言之,司法责任分配应以相关主体的职权为参照系,还需要与相关主体的过错相称。① 会议主持人(一般是检察长)地位特殊,负责掌控会议讨论进程,同时可对多数意见提出异议,不同意检察委员会多数意见可以报上级检察院决定。据此,如果检察委员会决定违反了民主集中制原则,或者委员发言讨论顺序明显违反规定,或主持人有其他过错导致检察委员会案件决策错误,则检察长或会议主持人都应当承担超过其他委员的司法责任。二是明确非员额委员不再履行委员职责,不参与表决。根据司法责任制改革要求,在员额制改革前任命过检察委员会委员、检察员等检察官职务但没有入额的人员,应当转任检察辅助人员或司法行政人员,并按照其所在职位和序列管理。据此,非员额委员可以参会,但不应履行检察委员会委员职责,不计入检察委员会组成人员数量和参与投票。三是将司法责任问责情况纳入检察委员会委员履职评价。应当对委员日常履职工作进行科学有效的评价,形成符合检察委员会运行规律的评价机制。在考核指标方面,应当将委员履职发表意见是否导致错误决策纳入考评,对于因为自身过错导致错误决策的委员给予负面评价,必要时根据有关规定提请免去委员职务。

---

① 参见贺宁、江国华:《错案责任的分解与分配——基于 23 起刑事错案的样本分析》,载《哈尔滨工业大学学报(社会科学版)》2021 年第 1 期。

新时代检务保障工作组织建设研究

江苏省南通市人民检察院课题组*

摘要:新时代,司法体制改革、检察改革、财政体制改革渐次推进。检察理念变革,职能体系重构,内设机构重塑。检务保障工作是检察事业发展进步的物质基础。市、县级检察机关承担检察人员分类管理、案件管理以及检察事务管理等职能,也存在任务强度和资源投入、管理方式与管理要求、工作职责与激励措施等不平衡、不充分的问题。对此,在深入调研、分析对比基础上提出健全检务保障支撑和监督体系、落实岗位不相容管理要求以及构建检务保障激励机制等建言,助力新时代新阶段检务保障工作稳健发展。

关键词:检务保障　基层检察院　组织建设

近年来,随着司法体制改革、检察改革的深入推进,新的司法管理体制、司法权力运行机制逐步形成。[①] 检察职能体系不断完善、内设机构和办案组织、人员分类管理等改革逐步成熟,检务保障工作亟须与新形势新任务相适应。为推进检务管理现代化,保障依法履职和各项检察工作顺利完成,同时因应新的国家预、决算,公务用车等管理制度出台,[②]最高人民检察院(以下简称最高检)先后印发《"十四五"时期检务保障工作发展规划》(以下简称《规划》),修订《人民检察院财务管理暂行办法》《检察业务费开支范围》等文件。检务保障部门如何更好适应新形势新任务,切实履行"服务保障和监督管理"职责,成为新时代新阶段一项重大课题。市、县级检察机关承担的业务和事务工作面广量

---

* 课题负责人:唐旭东,江苏省南通市人民检察院党组成员、副检察长。课题组成员:周宇熔,江苏省南通市人民检察院计划财务装备处处长;王子飞,江苏省南通市人民检察院计划财务装备处副处长;张庆华,江苏省南通市人民检察院计划财务装备处主管会计;商银涛,江苏省南通市人民检察院法律政策研究室检察官助理;陶心怡,江苏省南通市崇川区人民法院科员。

① 参见本书编写组:《中国共产党简史》,人民出版社、中共党史出版社 2021 年版,第 423 页。

② 2014 年 8 月 31 日,全国人大常委会修订了《中华人民共和国预算法》;2012 年 11 月 29 日,财政部印发《行政事业单位内部控制规范(试行)》;2015 年 12 月 21 日,财政部印发《关于全面推进行政事业单位内部控制建设的指导意见》;2021 年 10 月 13 日,财政部印发《部门决算管理办法》。

大，检务保障工作组织建设必须与之相适应。江苏省 N 市是长江三角洲中心城市之一，下辖 9 个县（市、区）行政单位，2022 年完成地区生产总值 1.14 万亿元。① N 市检察机关贯彻执行最高检、财政部财务政策起步早、行动快、标准高，对健全财务管理、提升保障能力、推动转型升级等进行了有益探索，②具有一定代表性。其检务保障工作组织建设状况可为我们研究检务保障运行机制提供参考。

一、检务保障工作组织建设现状

（一）基本未设独立的检务保障工作组织

N 市两级检察院一共有 10 家。仅设区市院设有独立的检务保障部门，9 家基层检察院均未设立独立的检务保障工作机构，均只设立 1 至 2 个司法行政部门，承担检务保障、文稿起草、司法警队、法治建设等司法行政工作（见表 1）。

表 1　N 市检察机关检务保障工作部门设置情况

项目	N 市检察院	N 市下辖检察院								
		H 市检察院	G 市检察院	D 县检察院	Q 市检察院	C 区检察院	T 区检察院	M 区检察院	K 区检察院	W 区检察院
司法行政部门数/个	7	2	2	2	2	2	2	2	1	1
是否专设检务保障部门	是	否	否	否	否	否	否	否	否	否

（二）检务保障工作队伍配备不均衡

N 市两级检察院共有检务保障工作人员 141 名，其中聘用制人员比较多。全市两级检察院共有聘用制检务保障工作人员 65 名，占比达 46.1%。9 家基层检察院共配有检务保障工作人员 111 名，但在编人员数与聘用制人员数相差不大，在编人员仅比聘用人员多 9 人。除专职驾驶员岗位外，9 家基层检察院平均可用人员 6.4 人（见表 2）。

---

① 参见吴新明：《2023 年南通市政府工作报告》，载 https://finance.sina.cn/2023-01-29/detail-imycvtrt0413767.d.html。

② 《南通市检察机关立制度、抓执行、强队伍推动财经工作高效规范开展》《南通市院举办全市检察机关计财业务培训》《如东县院“三抓三强”锻造“三个过硬”计财队伍》《如东县检察院“智慧管理”实现驾驶员队伍能力素质跃升》等经验材料被省检察院《计财装备工作情况》转发。高丽：《应夯实检务保障基础》，载《江苏法制报》2011 年 11 月 21 日，第 6 版。

表 2　N 市检察机关检务保障工作人员配备情况

项目	N 市检察院	N 市下辖检察院									总数/人	基层检察院平均数/人
		H 市检察院	G 市检察院	D 县检察院	Q 市检察院	C 区检察院	T 区检察院	M 区检察院	K 区检察院	W 区检察院		
在编检务保障工作人数/人	18	4	6	9	8	6	8	12	3	2	76	6.44
聘用制检务保障工作人数/人	12	8	8	7	5	14	2	2	3	4	65	5.89
总人数/人	30	12	14	16	13	20	10	14	6	6	141	12.33
驾驶员数/人	12	6	7	10	6	8	6	6	1	3	65	5.89
去除驾驶员人数/人	18	6	7	6	7	12	4	8	5	3	76	6.44

（三）检务保障工作人员构成不合理

1. 年龄结构不合理

N 市两级检察院检务保障部门人员平均年龄 41.2 周岁，其中 M 区检察院平均年龄 46.1 周岁，全市最高；W 区检察院平均年龄 28.5 周岁，全市最低。两者相差 17.6 岁。而且，55 周岁至 60 周岁的有 10 人，5 年内就要退休的平均每家院至少 1 位（见表 3）。

表 3　N 市检务保障工作人员年龄、学历构成情况

项　目	全市	基层检察院
本科以上人员比例/%	67.12	67.50
检务保障部门人员平均年龄/周岁	41.2	40.86
从事检察工作年限平均值/年	13.06	12.77
从事本岗位工作年限平均值/年	9.96	10.08

2. 受教育程度不均衡

N 市两级检察院检务保障工作人员中，本科以上（含本科）学历人员平均为 7.3 人，占比 67.12%。N 市检察院 17 人，最多；基层检察院中多的如 H 市检察院 11 人；少则如 W 区检察院 3 人。本科以下学历主要是车队驾驶员。

（四）检务保障职责范围和岗位设置不合理

1. 检务保障工作部门职责范围较广

检务保障部门的法定职责是服务保障和监督管理。[①] N 市 10 家检察院检务保障工

① 参见徐日丹、张嘉楠：《为加强新时代检察机关法律监督工作奠定坚实物质基础——〈“十四五”时期检务保障工作发展规划〉解读》，载《检察日报》2021 年 10 月 26 日，第 4 版。

作坚持以强化经费保障、装备建设、基础设施建设以及资金资产管理为核心，主要承担以下计财装备工作(见表 4)。

表 4 N 市检察机关检务保障工作职责范围

职责范围	预算管理	收支管理	采购管理	资产管理	物业服务保障	基建维修	车辆管理	食堂管理	公务接待	合同管理	库房管理	财务合规审查	内审内控
纳入院数/个	10	10	10	10	9	9	10	10	10	10	10	8	5

注:W 区检察院与该区法院共用一栋办公楼,其检务保障职责未涵盖“物业服务保障”和“基建维修”;2 家基层检察院检务保障职责未涵盖“财务合规性审查”;5 家基层检察院检务保障未承担“内审内控”职责。

2. 检务保障工作岗位兼职较多

据统计,在 N 市 13 项检务保障工作中,除驾驶员岗位外,全市两级检察院共有相应管理岗位 162 个,人均兼职岗位达 2.13 个(见表 5)。

表 5 N 市检务保障部门岗位情况

岗位名称	财务负责人	检务保障部门分管副职	内勤服务	总账会计(预决算管理)	现金出纳会计	其他会计人员	采购管理	资产管理	物业服务保障(仅管理员,不含物业服务人)	基建维修管理	车队管理(仅管理员)	食堂餐饮管理	公务接待管理	合同管理	库房管理	枪弹管理	财务合规审查	内审内控
岗位数/个	10	8	5	10	12	5	15	11	10	12	10	12	11	11	12	1	5	2

注:9 家基层检察院检务保障工作部门(办公室或综合管理部)“一岗兼多职”“一岗多能”现象普遍,在承担检务保障工作外,还承担办文、办会、法治办等工作。

(五)检务保障工作量统计困难

1. 检务保障工作琐碎

大体而言,N 市检察机关检务保障工作主要包括物业服务管理、财务凭证处理、政府采购、警用车辆调度、国有资产管理等。具体来说,各家检察院又因其办公大楼建筑面积大小、政府采购项目多寡等不同而各异。

2. 检务保障岗位工作量难以统计

N 市检察机关物业服务管理建筑面积平均 12000 平方米,年均处理财务凭证量 1294 笔,组织政府采购事项(或处理相关财务业务)93.4 次(按 5 万元/笔计),如按政法专项资金统计,年均办理采购事项 348.3 次,调度使用警车 1435 次;盘点管理国有资产项目 5707 个。但上述数据对于每个月、每季度统计检务保障工作岗位的工作量而言意义不大。

（六）检务保障工作信息化建设滞后

自主研发、应用检务管理信息系统滞后。近年来，N市检察机关在检务保障信息化建设上虽取得一定成绩，但根据检务保障工作实际需要自主研发信息管理系统则比较少，仅C区检察院研发了资产管理系统；公务用车监管系统应用滞后，仅N市检察院应用了公务用车GPS监控系统，M区检察院应用了公务用车智能化管理平台。

二、新形势新任务对检务保障工作提出新要求

（一）新阶段面临的新形势新任务

1. 国家财经政策深度调整

党的十八大以来，随着中央八项规定出台，党政机关财务管理政策深度调整。国家相继出台了《党政机关厉行节约反对浪费条例》《关于全面实施预算绩效管理的意见》《关于全面推进公务用车制度改革的指导意见》等文件。与此同时，立法机关先后修订了《预算法》《政府采购法》《人民检察院组织法》等法律；国家财政主管部门相应出台了《行政事业性国有资产管理条例》《党政机关公务用车管理办法》等法规规章。最高检也积极响应，出台了《规划》《人民检察院财务管理办法》等文件，对检察系统经费管理、国内差旅、因公临时出国（境）、公务接待、公务用车、会议活动、办公用房、资源节约等保障内控工作提出明确要求。

2. 司法改革、检察改革影响深远

以审判为中心的刑事诉讼制度改革促改原有保障模式。以审判为中心的诉讼制度改革有力促进庭审实质化，注重证据裁判，侦、诉、审都以证据为核心，执行同一个法定证明标准。[①] 检察机关发挥诉前主导和审前过滤功能，自行补侦以及调查核实“排非”线索或材料等都应加强。检务保障工作部门应围绕检察机关“审查”“（自行补充）侦查”“调查”等全力做好服务保障工作，调整原有检务保障模式。人员分类改革、内设机构改革影响检务保障工作组织建设。哪些人员分流进入司法行政人员队伍并从事检务保障工作，检务保障部门是否单设、如何设立、人员如何调配等关系到检务保障工作组织的主体架构、人员构成、素能结构等，对于遂行“服务保障和监督管理”职责有重大影响。司法责任制改革影响检务保障工作方式。司法责任的核心是“谁办案谁负责、谁决定谁负责”，检察官既是司法办案主体，又是司法责任主体。员额检察官走向办案一线，检察长、副检察长带头办案。[②] 入额院领导主办或者独任办案并提交检察委员会讨论的，应当履行检察

---

① 参见张相军：《公诉工作如何适应以审判为中心的诉讼制度改革》，载《人民法院报》2016年12月18日，第8版。

② 参见徐日丹：《强化司法责任——谁办案谁负责　谁决定谁负责》，载《检察日报》2017年10月29日，第4版。

官和检察委员会委员双重职责。[①] 检务保障要紧紧围绕"检察官（含入额院领导）""检察办案"等改变原有保障方式。

3. 实施检察大数据战略需要

检察大数据战略是法律监督质效飞跃的关键变量和科技翅膀，是检察机关服务大局、为民司法的新引擎新驱动。[②] 江苏省人民检察院石时态检察长也指出，数字检察是未来检察工作的重要模式，也是新征程上检察工作战略转型的重点。[③] 检务保障工作部门必须要适应数字化发展趋势，积极配合完成检察信息化建设各项工作任务，助推数据赋能；同时也要做好自身信息化建设工作，探索检务保障信息系统与财政预算管理一体化系统、国有资产管理系统、政府采购信息管理系统、审计信息系统的深度融合和数据共享，实现检务保障管理监督方式智慧升级和数字转型。[④]

（二）检务保障工作的新要求

1. 财政资金的预算管理要求更高、标准更严

《江苏省行政事业性国有资产管理办法》设"预算管理"专章，对"编制资产配置相关支出预算""加强预算约束""在决算中全面、真实、准确反映"等作出明确规定。[⑤] 江苏省人民检察院《关于进一步加强全省检察机关财务管理工作的指导意见》也对预算编制、执行管理、预决算信息公开等提出明确要求。[⑥] 它们对检察机关加强预算管理提出了更高要求：一是要全面详尽编制好预算草案，重点编制好重大装备和信息化建设项目预算；二是要大力强化预算刚性约束，坚持做到"量入为出"，打好"铁算盘"，充分发挥预算对业务经费支出、公务接待、后勤服务等的"导流"作用；三是要依法依规以适当方式对决算信息进行公开。

2. 全力服务保障"四大检察""十大业务"顺利开展

一是在硬件保障上，优先保障对外服务用房、公共办案用房、专门办案用房、辅助办案用房，包括12309检察服务中心、案件管理、公开听证、检务公开等用房；二是积极保障公益诉讼、巡回检察、企业合规性审查等新增检察业务需求，按照规定的配置要求增配有关装备、用房，集中管理公务用车并通过信息化手段实时监控；三是根据新办案模式配备检察官办案组用房，基于调用检察人员办理重大案件需要编制有关项目预算；四是全面

---

① 参见徐日丹：《最高检修订检委会工作规则　推动检察官办案责任制全面落实》，载《检察日报》2020年8月21日，第1版。

② 参见张军：《坚持以习近平法治思想为指引　加强新时代检察机关法律监督》，载《求是》2022年第4期。

③ 参见占东东：《走在前，争第一！这次检察长会议发出强烈信号……》，载微信公众号"江苏检察在线"，2023年2月7日，http://mp.weixin.qq.com/S17FEbvbCtOT90g8dha2DHbA。

④ 参见徐日丹、张嘉楠：《为加强新时代检察机关法律监督工作奠定检视物质基础——〈"十四五"时期检务保障工作发展规划〉解读》，载《检察日报》2021年10月26日，第4版。

⑤ 参见《江苏省行政事业性国有资产管理办法》第26条、第27条、第30条规定。

⑥ 参见江苏省人民检察院《关于进一步加强全省检察机关财务管理工作的指导意见》（苏检发计财字〔2021〕5号）第3条至第6条规定。

完成检察信息化建设各项工作任务，切实提升检察办案数字化、信息化水平。

3. 一体开展财会监督管理

财经事项议事决策的制度化、规范化程度不断提高。检察机关相继出台了“三重一大”事项决策议事细则、重大财经事项财务合规性审查办法等文件，按照财政部《政府采购货物和服务招标投标管理办法》、《政府采购需求管理办法》和江苏省财政厅《财务管理办法》等的要求开展货物和服务采购；按照《江苏省行政事业性国有资产管理办法》和江苏省人民检察院《关于进一步加强全省检察机关财务管理工作指导意见》要求配置、使用和处置国有资产，①并须完成国有资产月编报。②

三、检务保障工作面临新挑战

（一）检务保障内部控制工作需要加强

内部控制是指单位为实现控制目标，通过制定制度、实施措施和执行程序，对经济活动的风险进行防范和管控。③《预算法实施条例》、财政部《行政事业单位内部控制规范（试行）》《行政事业单位内部控制报告管理制度（试行）》等均要求行政事业单位强化内部控制，有效防范风险，规范权力运行。为此，检察机关检务保障工作部门需要加强以下工作：(1)在组织架构建设上实行分事行权、分岗设权；(2)在决策机制建设上实行决策、执行和监督相分离；(3)在关键岗位管理上，实行不相容岗位相分离；(4)在会计体系建设上，严格执行国家统一会计制度；(5)在信息系统建设上，单位、业务层面内部控制流程和管理制度实行计算机控制。此外，内部监督制度还应明确各部门、岗位的内部监督职责、权限和程序等，并监督、评价内部控制实际应用情况。

（二）检务保障工作队伍建设需要跟进

过硬检务保障工作队伍是做好检务保障工作的组织保障。《规划》提出，要适应司法体制改革、检察改革和财政体制改革新形势，大力加强检务保障工作组织建设和专业化建设。为此，从事检务保障工作的会计主管人员要大力提升专业能力，满足会计师以上专业技术职务资格或者从事会计工作满 3 年以上条件；提升自身政治素质和职业道德素质，贯彻执行中央 28 号文关于加强检察机关法律监督工作支持保障的部署、第十五次全国检察工作会议对检务保障工作的要求以及《规划》关于把服务保障检察业务作为根本出发点和落脚点的要求。

---

① 参见江苏省人民检察院《关于进一步加强全省检察机关财务管理工作的指导意见》（苏检发计财字〔2021〕5号）第 10 条至第 12 条规定。

② 参见财政部《关于做好行政事业性国有资产月报试编工作的通知》（财资〔2018〕109 号），载 http://zcgls.mof.gov.cn/gongzuotongzhi/201901/t20190108_3116023.htm。

③ 参见《行政事业单位内部控制规范（试行）》第 3 条规定，本规范所称内部控制，是指单位为实现控制目标，通过制定制度、实施措施和执行程序，对经济活动的风险进行防范和管控。

（三）检务保障工作岗位设置和运行“瓶颈”问题需要解决

检务保障既要服务保障“四大检察”“十大业务”顺利开展，同时要做好预算编制、物资和服务采购、财会监督等工作，但工作任务和资源投入不相称。人力、物力投入相对有限。N 市检务保障遇到人力资源投入不足，“事多人少”，信息化建设投入较少即是适例。内部管理方式与外部管理要求有差距。根据上级要求，检务保障组织内控管理架构应当“分事行权、分岗设权、明确职责”“决策、执行和监督相分离”。现实情况却是预算、支出管理、资产、合同管理等岗位配置不符合“业务岗位不相容”要求。此外，工作责任与激励措施有落差。检务保障“服务保障”检察中心工作，同时做好检查、审计等监督管理工作，实务中检务保障工作人员遇到晋升空间小、评先评优机会少等问题。

四、新时代检务保障工作组织建设构想

新时代新征程中，检务保障工作组织建设面临诸多挑战。坚决贯彻落实《规划》《中共中央关于加强新时代检察机关法律监督工作的意见》以及第十五次全国检察工作会议精神，应当大力加强检务保障工作组织建设。

一是检务保障工作岗位设置坚持人岗相适、不相容岗位相分离、关键岗位优化。坚持“管钱”与“管事”相分离，采购需求制定与内部审核、采购文件编制与复核、合同签订与验收等岗位相分离；检务保障部门的财务主管、总账会计（稽核）和出纳会计均应当配备，且依法进行不相容设置；政府采购管理、资产管理、合同管理等关键岗位应当优化配置；内部审计岗应当加强对政府采购申请、采购进口产品、变更政府采购方式等事项、管理制度和机制的建立与执行以及内部控制关键岗位及人员配置等的审核；资产管理岗应当与财会主管、政府采购岗、项目管理岗相分离。

二是安排好县级院检务保障岗位底线配置。县级检察院未单设检务保障部门，保障职责却须臾不可或缺。其最低配置标准应当有：财务主管 1 人（兼合同审批，可由综合管理部门负责人兼任）、总账 1 人（可兼合同保管、合规审查）、出纳 1 人（可兼资产管理），分管非财务管理工作的综合管理部门负责人 1 人、政府采购 1 人（兼其他采购工作、公务接待）、物业服务管理 1 人（可兼食堂管理、维修等）、车队长 1 人（可兼项目管理等）。单设检务保障部门的基层院，其内控管理关键岗位应设尽设，包括财务主管、总账会计、出纳会计、采购管理、资产管理、合同管理、基建项目、物业管理（维修保障）、食堂管理、公务用车管理、公务接待等岗位并根据需要配备 1—2 名分管副职岗位。出纳会计、采购、资产管理等岗位人数可根据业务量大小进行调整。

三是坚持服务保障与监督管理并重。《规划》指出，新时代检务保障工作要围绕“加强新时代检察机关法律监督工作”做优服务保障、做实监督管理，强化经费保障、装备和基础设施建设以及资金资产管理。为此，检察机关要在服务保障中加强监督管理，在全力服务保障各项法律监督工作顺利开展的过程中强化预算约束，严格执行各项经费开支

范围和标准，规范支出手续；在监督管理中完善服务保障，特别要完善公益诉讼、未成年人检察、巡回检察、企业合规性审查等新增检察业务的经费保障，全力保障无人机购置、食品快检中心建设以及办案用房等，加大对检察办案数字化信息化建设、应用的投入和支持力度，提升检务保障规范化精细化绩效化信息化水平。

四是加强检务保障工作队伍建设。检务保障工作肩负“服务保障、监督管理”光荣职责，检务保障人员承担面广量大、繁杂琐碎的工作，积极为新时代法律监督工作提供坚强有力的物质保障。因此，检察机关应当重视、支持检务保障工作，稳定检务保障工作队伍；重视检务保障人员专业素能培养，适当增加教育培训和比武竞赛机会，让检务保障人员有机会展现风采；落实关键岗位轮岗交流要求，防范岗位风险；区分检务保障与检察业务在工作内容、工作方式、工作方法上的差别，对检务保障部门和检务保障工作人员实行差异化分类考核和评价，改进激励措施，建立更为科学的考评激励机制。